敏捷绩效
领导力

使用 OKR 成就超出
期望的未来组织

U0122062

杨 瑞 | 著

電子工業出版社·
Publishing House of Electronics Industry
北京 · BEIJING

内容简介

本书分为 5 个部分：第 1～2 章介绍了 OKR 的定义、来历和收益等；第 3～6 章介绍了 OKR 的基本使用知识，涵盖了目标的制订、对齐、跟踪和复盘；第 7～9 章介绍了组织内部导入 OKR 的一些方法和使 OKR 在实践时更加有效的维度，并且通过和 KPI 的对比澄清了常见的误区；第 10～12 章主要关注 OKR 与其他方法和技术的融合，对当前常见的引导技术和教练技术与 OKR 的融合实践进行了说明，同时对敏捷方法和 OKR 的融合实践进行了深层次的讨论；第 13 章创新性地提出了 OKR 宣言和 OKR 社区实践，以推动 OKR 在国内的发展。

本书使用了大量的图解来阐述 OKR 中的抽象概念，力求做到"一图胜千言"。本书中的核心概念、基础实践、组织导入、跨界融合、OKR 宣言等创新视觉图解，有助于大家理解和记忆 OKR 相关知识，大量的实践工具也有助于组织内部进行 OKR 导入。

本书适合各类业务负责人、企业管理者、人力资源管理专业人员、团队领导者、OKR 实践者阅读。

图书在版编目（CIP）数据

敏捷绩效领导力：使用 OKR 成就超出期望的未来组织／杨瑞著．—北京：电子工业出版社，2022.10

ISBN 978-7-121-44330-5

Ⅰ．①敏… Ⅱ．①杨… Ⅲ．①企业绩效—目标管理 Ⅳ．①F272.71

中国版本图书馆 CIP 数据核字（2022）第 172205 号

责任编辑：李　冰　　　　文字编辑：张梦菲
印　　刷：中国电影出版社印刷厂
装　　订：中国电影出版社印刷厂
出版发行：电子工业出版社
　　　　　北京市海淀区万寿路 173 信箱　邮编：100036
开　　本：880×1230　1/32　印张：7.125　字数：160 千字
版　　次：2022 年 10 月第 1 版
印　　次：2022 年 10 月第 1 次印刷
定　　价：69.00 元

让我们一起扬帆起航，开启视觉化之旅！

基础

第1章
第2章

- 历史
  - 管理1.0
  - 管理2.0
  - 管理3.0
- 蝴蝶效应
- 黑天鹅
- 灰犀牛
- VUCA
  - 全球化
  - 战略沙漏
  - 未来组织
- 收益
  - 专注 · 激发
  - 协同 · 担责
  - 追踪 · 成长 · 透明

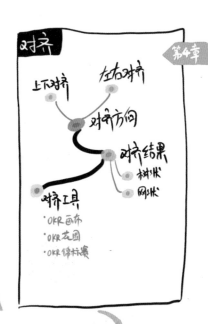

对齐

第4章

- 上下对齐
- 左右对齐
- 对齐方向
- 对齐结果
  - 树状
  - 网状
- 对齐工具
  - OKR画布
  - OKR花园
  - OKR锦标赛

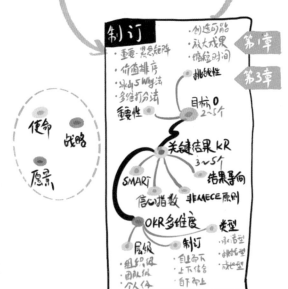

制订

第5章
第3章

- 重要·紧急矩阵
- 价值排序
- 冰山5Why法
- 多维打分法
- 弹性
- 挑战性
  - 创造可能
  - 成大成果
  - 缩短时间
- 目标 O
  - 2~5个
- 关键结果 KR
  - 3~5个
  - 结果导向
- SMART
- 信心指数
- 非MECE原则
- OKR多维度
  - 类型
    - 承诺型
    - 挑战型
    - 成长型
  - 层级
    - 组织级
    - 团队级
    - 个人级
  - 制订
    - 自上而下
    - 上下结合
    - 自下而上

- 使命
- 战略
- 愿景

跟踪

第
第

- OKR周跟踪
  - 单周或双周
  - 信息分享和同步
  - 识别进度和问题
  - 回顾、激励结果
- KR信号灯
- OKR复盘
- CFR
  - 对话
  - 反馈
  - 认可
- OKR月跟踪
  - 按月集中
  - 中短期复盘
  - 评估结果进展
  - 客观/主观结合
  - 数据支持
  - KR信号灯
- OKR季跟踪
  - 按月或季度
  - 评估结果
  - 客观为主
  - 主观微调

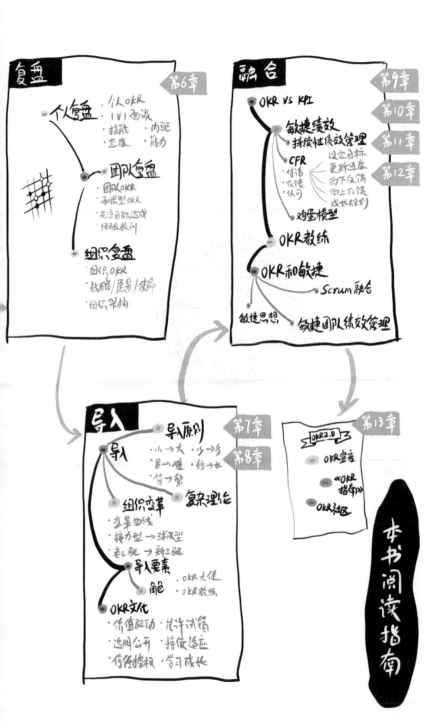

复盘 第6章

- 个人复盘
  - 认OKR
  - 1V1面谈
  - 技能 内驱
  - 态度 能力
- 团队复盘
  - 团队OKR
  - 承诺型OKR
  - 关注目标达成
  - 经验教训
- 组织复盘
  - 组织OKR
  - 战略/愿景/使命
  - 组织架构

融合 第9章 第10章 第11章 第12章

- OKR VS KPI
- 敏捷绩效
  - 持续性绩效管理
    - 设定目标
    - 更新进度
    - 向下反馈
    - 向上反馈
    - 成长规划
  - CFR
    - 对话
    - 反馈
    - 认可
  - 鸡蛋模型
- OKR教练
- OKR和敏捷
  - Scrum融合
  - 敏捷思想 敏捷团队绩效管理

导入 第7章 第8章

- 导入原则
  - 小→大 少→多
  - 易→难 短→长
  - 简→繁
- 导入
  - 组织变革
    - 变革曲线
    - 接力型→球队型
    - 老三驱→新三驱
  - 复杂理论
  - 导入要素
    - 能
      - OKR大使
      - OKR教练
  - OKR文化
    - 价值驱动 允许试错
    - 透明公开 持续适应
    - 信任授权 学习成长

第13章

OKR2.0
- OKR宣言
- 《OKR指南》
- OKR社区

本书阅读指南

欢迎关注微信公众号"OKR 社区"（OKRCommunity），
我们将在这里提供更多的精彩内容和后续服务！

推荐序

一本 OKR 落地必读手册

如何让一个舶来方法本土化？这是一个难题。众所周知，OKR 与敏捷方法、精益方法等管理方法一样，都源自国外，是从一些国外企业的先进管理实践中抽象总结出来的。

舶来方法的问题在于，其听起来无限美好，但实施起来就会遇到一些难以克服的障碍。如果对这些障碍追根溯源，往往又能关联到企业文化，甚至更大的社会文化背景。我们回顾精益方法、敏捷方法在国内的发展史，就能发现这些方法在广泛流行之前，都需要经历一段漫长的本土化过程。

国外方法在本土化的过程中，存在以下两个标志性现象。

第一，人们会质疑舶来方法不适合本土企业。十多年前，在敏捷方法普及的早期阶段，每次在我讲完课后，最常被提问的问题是："敏捷方法是不是只适用于外企？"提问者的出发点是，敏捷方法提倡的授权团队和个人进行自组织、自管理等理念，在中国的企业文化背景下极难实现，如果强制推广，就面临着较大的、不可知的风险。

第二，人们在应用方法的时候流于形式。在敏捷方法传播初期，形式化就极其严重。计划会议往往仍由上级制订迭代目标、分配任务，而非人们自组织制订目标，主动拉动任务。 站立会议由项目经理主持，沿袭下级汇报、上级点评的形式。 这种只替换名词、无意改变本质的行为，只能说明很大一部分人热衷的是追赶时髦，而对方法本身缺乏深度的研究和理解。

一些优秀的精益敏捷咨询师与本土企业合作探索，共同努力产出一些本土企业的成功案例，并从中总结出优秀的本土经验，再通过更大的社区进行推广和普及后，上面的问题就几乎消失不见了。人们不再质疑敏捷方法是否能切合本土企业文化，对敏捷方法的应用也脱虚入实，更加脚踏实地，以解决问题为导向。

OKR 作为敏捷精益方法的后来者，也正在经历本土化的过程。我在帮助企业应用 OKR 的过程中屡次观察到上述 2 个现象。从文化角度来看，很多人质疑 OKR 提倡的由个人和团队自主制订目标是否可行；从在实践角度来看，很多企业仅套用了"O+KR"的格式重新书写需求和任务，并没有真正提炼目标和思考关键结果。这些情况的广泛存在是 OKR 的推广和应用还未完成本土化的证明。

如何快速完成 OKR 的本土化进程，让 OKR 的应用快速进入成熟、务实的阶段？我们同样可以将敏捷精益方法的本土化过程作为前车之鉴，即积累本土化的成功案例、经验，借助社区的力量进行推广。杨瑞老师此时推出的这本书，恰恰满足了 OKR 在这个特殊发展阶段的特殊需要。

杨瑞老师是国内 OKR 的早期实践者之一。作为最早应用 OKR 的一批企业管理咨询师，他在一线积累了丰富的 OKR 落地本土企业的成功或失败的经验，这本书就是这些经验中精华部分的总结。

在本书的第 1 章和第 2 章中，杨老师介绍了 OKR 诞生的背景、要解决的问题，以及能带来的收益，较好地解释了为何要使用 OKR，以及谁更适合使用 OKR 的问题。第 3 ～ 6 章的内容涵盖了 OKR 在制订过程中所涉及的全部事件、周期和具体会议等，并且着眼细节，对它们进行了外科手术式的分解和介绍。另外，企业在引入 OKR 时需要掌握的所有知识，以及可能遇到的问题，都能在这几章中找到答案。第 7 章和第 8 章解决了企业在应用 OKR 时面临的问题和文化背景。担心 OKR 这个舶来方法的文化兼容问题的读者，可以在这两章中阅读到如何培育出让 OKR 在组织内部"生根发芽"的土壤的相关方法和实践。对于 OKR 与绩效考核的关系、OKR 与 KPI 的关系、OKR 与组织内已有的敏捷方法如何融合等热门问题，杨老师在第 9 ～ 12 章中也给出了系统性的解答。这些细节详尽、丰富生动的知识点，为读者快速而正确地应用 OKR 铺平了道路。

然而本书的立意显然不止于此。在第 13 章中，杨老师展望了 OKR 的发展道路，提出了 OKR 进一步发展所需关注的问题，创造性地提出了 OKR 宣言，并且介绍了中国自己的 OKR 社区，这正是让 OKR 在国内快速脱虚入实所必备的力量。这

也是在市面上已经存在不少 OKR 书籍的前提下，我仍然认为本书是国内企业和个人在学习 OKR 时的必备读物的原因。

除了内容丰富、知识全面，本书的风格也充满趣味性。杨瑞老师是圈内著名的手绘高手，他擅长用简洁的手绘将知识点结构化、视觉化，降低复杂知识的学习门槛，增加学习的乐趣。

作为 OKR 的从业者，我很高兴能看到这样一本书，由一线从业者撰写，能够立足于本土企业文化，在实践中总结经验，并且有效组织社区力量，加速 OKR 的本土化进程，让更多企业从中受益。

我是如此喜爱这本书，衷心将它推荐给更多的读者。

管婷婷

《敏捷团队绩效考核：KPI、OKR 和 360 度评估体系的应用与实践》

《OKR 实践的 20 条军规：敏捷转型与 OKR》作者

前　言

我从 2002 年开始工作，从最初的程序员做起，一直做到上市企业的高级总监，然后又经历了两次创业，基本上经历了研发管理所涉及的所有管理方法、体系和工具。回过头来总结，会发现一个很奇怪的现象，无论是传统的项目管理、CMM/CMMI，还是现在的 Agile、Lean 或 OKR，面对各种方法体系，国内的公司基本上达成了共识，即"我们是一家具有 ×× 特色的公司，我们有很多'特殊性'，这些方法和工具对人的要求较高，不适合我们。"这些公司抗拒应对较多的变化。同时，出现了一个极端，就是大家对于各种"方法论"的迷信，一方面相信 Intel、Google、字节跳动这些头部公司使用 OKR 取得了令人瞩目的成就；另一方面又觉得 OKR 非常简单，在简单学习之后就开始实践，期望能够通过 OKR 带来高额收益，在实践一段时间后，纷纷"吐槽"OKR 不适合公司，根本没用！

我从传统项目管理和软件工程学起，接触敏捷方法已经 18 年了。这些年，我不断地学习、实践和推广敏捷方法，并且帮助很多企业成功进行了企业级敏捷转型，在这个过程中我深刻认知到越是简单的东西，背后越是有大量看不到的细节。我从 2015 年开始接触 OKR，发现其背后的大量原理和原则与敏捷方法十分契合，于是通过多年的研发管理和敏捷转型经验，将 OKR 原理和概念结合近几年的数字化转型和敏捷转型经验，应

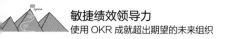

用在各种组织变革管理中。

这几年的培训和咨询使我认识到，OKR 是一套非常好的目标管理工具、战略落地工具、组织沟通协同工具，能够有效地帮助组织、团队和个人提升绩效能力。但是在 OKR 落地的过程中，非常多的企业和团队会出现各种问题，究其原因是 OKR 看起来简单，但是其背后较多的原理和深层次问题无法传递给实践者。

本书以图解的方式将 OKR 的基础知识和实践呈现给读者，力求简单易懂，帮助大家更好地理解和落地实践。

特别感谢程春光、马力、孟繁强、马林胜、赵卫的帮助，没有你们就没有本书的初始版本；特别感谢万泓志、陈飞、马畅、李锴对于《敏捷绩效领导力：使用 OKR 成就超出期望的未来组织》核心内容的打造，以及对 OKR 社区的初始建立和推动；特别感谢叶秀丽、刘星佑、刘伟、庄文晶、刘志华、王东喆等社区小伙伴对 OKR 各城市社区的组建和大力推广；还要特别感谢数百个参加过敏捷绩效领导力课程的小伙伴，是你们的积极参与和反馈，给我提供了大量的素材和不断磨课的动力，感谢你们。

同时，特别感谢爱人和女儿的陪伴，从本书的第一个字、第一幅图开始，你们给予了我大量的支持和爱，因为你们的爱本书才得以出版。

感谢电子工业出版社的编辑李冰和张梦菲，你们辛勤的幕后工作是本书得以出版的最大保障。

目 录

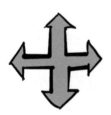

第 1 章

OKR 概念：
揭开 OKR 的神秘面纱

当我们设定好目标时，重要的不是我们要求员工必须实现目标，

而是员工为什么愿意跟着我们一起去实现？

——OKR 创始人 安迪·格鲁夫（Andrew Grove）

1.1 OKR 的定义

OKR 即 Objectives and Key Results，中文写作"目标和关键结果"，有些时候也可以看到 OKRs 这一缩写形式。OKR 主要关注目标（O）和关键结果（KR 或 KRs），其中，目标和关键结果互为充分必要条件。OKR 是目前全球较为流行的管理框架之一，是一套定义、跟踪、评价目标完成情况的管理框架，也是一套适用于组织、团队和个人的目标管理方法，同时，OKR 还是沟通工具、授权工具和人才筛选工具。

OKR 的概念和实践逐渐火热，与很多概念一样，人们对 OKR 寄予期望，但是也对其存在很多认知上和使用上的误区。尤其是近几年，很多公司特别期望能够使用 OKR 实现绩效管理落地，这就是较大的误区之一。它们将 OKR 视为 KPI 的升级版本，或者是一种新的绩效考核工具，希望其可化身为神奇的"银弹"，能够为公司和团队的管理带来一次质的飞跃。

OKR 本质上是一个目标管理工具，能够帮助我们对学习、生活和工作进行管理。当然，OKR 的威力不仅体现在个人层面，其在团队、部门和公司管理层面更能够达到倍增的效果。同时，OKR 结构简单，学习和实施成本较低，通过快速学习即可掌握其基本用法。

我经常将 OKR 称为转换器，因为它能够帮助我们把组

织的使命、愿景和战略转化为日常的工作解决方案与对应的
任务。

- 使命（Mission）：使命解答了一个组织存在的根本
  原因。使命是长期的，也是组织生存发展的原动力，从
  某种角度米讲，使命就是组织的"终极目标"。
- 愿景（Vision）：愿景描述了在达成使命过程中树立的
  一个中长期目标，是我们勾画的目标、想要达成的蓝图，
  也是组织的中长期目标。
- 战略（Strategy）：战略是指为了达成愿景所采用的
  措施、模式、策略和路径，是重点事务和优先事务的
  排序法则。

———————●———————

OKR 就像瑞士军刀，在任何环境中都相当有效，

是一种放之四海而皆准的方法体系。

——《这就是 OKR》，约翰·杜尔（John Doerr）

一般来说，公司从层级上基本可以划分为组织、团队和个人 3 个层级。

● 组织层级指的是公司整体、子公司、某个独立的事业部、各种职能中心。

● 团队层级指的是组织内部的部门或团队，其肩负着具体的职责。

● 个人层级指的是公司各层级的管理者和员工，既包括 CEO、COO 等高层管理者，又包括各部门总监及经理等中层管理者，以及一般的基层员工。

OKR 的使用方式非常灵活，其适用于上述 3 个层级，在组织、团队和个人的任意层级中可以进行多种组合使用，例如，只在组织层级和个人层级使用，或者在组织层级和团队层级使用，或者同时在 3 个层级使用。

在使用 OKR 的过程中，不仅要关注显性的目标和关键结果，还要关注隐性的解决方案，确保其具有实现的可行性，形成"目

标—关键结果—解决方案"的 3 层结构。这在实践中非常重要，否则很容易形成只关注目标制订，但不关注目标实现的"放飞"状态。

　　OKR 是一个非常好用的目标管理工具，其适用范围不受企业类型和规模的约束。就总体使用情况来说，其在知识密集型企业的使用效果会更加突出，这也是目前互联网企业大量使用 OKR 的一个重要原因。

　　目前，OKR 已经在世界范围内被多家著名公司使用，包括 LinkedIn、Oracle、IBM、Uber、Airbnb、Twitter、Meta （原 Facebook）、Amazon、Dropbox 等。2013 年左右，在 OKR 传入国内后，百度、腾讯、华为、京东、小米、滴滴、字节跳动、知乎、顺丰、链家、联通等多家公司先后实施。其中，京东在 2016 年和 2019 年 2 次大力推广 OKR，传统型企业如 TCL、美的集团、伊利集团、吉利汽车集团等也都在使用 OKR。一些银行、证券等金融企业正在使用 OKR，某些政府部门目前也在导入 OKR。与此同时，很多创业团队也在实践 OKR，并且在其帮助下获得成功。

1.1.1　目标管理方法

———————●———————

企业需要的管理原则是：能让个人充分发挥特长，

凝聚共同的愿景和一致的努力方向，建立团队合作，

调和个人目标和共同福祉的原则。

——《管理的实践》，彼得·德鲁克（Peter Druker）

OKR 是一种非常简洁的目标管理方法，目标管理（Management by Objectives，MBO）的概念由管理大师彼得·德鲁克在其 1954 年出版的《管理的实践》中提出。

目标管理是以目标为导向、以人为中心、以成果为标准，使组织和个人取得最佳业绩的现代管理方法。目标管理又称"成果管理"，俗称责任制，是一种在员工们的积极参与下，企业自上而下地确定工作目标，并在工作中施行"自我控制"，从而自下而上地保证目标实现的管理方法。目标管理是对目标进行设置和分解，并对目标的实施及完成情况进行检查，以奖惩为手段，是一种通过员工的自我管理来实现企业经营目的的管理方法。

目标管理原本建议员工可以参与目标的制订，管理者放弃

微观管理，更多地关注宏观管理，但是传统的组织架构基本上都是基于层级的"金字塔型"，管理者是集专业能力和行政权力于一体的"英雄"。很多企业为了节省时间和提高效率，往往都是由上级管理者制订目标，下级管理者或基层员工负责执行，员工基本没有参与目标制订的可能性，其参与积极性相应受到影响。另外，在传统的目标管理中，目标都是以年度为单位制订的，在实施过程中基本不做更改，这种方式难以适应现代企业经营管理目标频繁变化的节奏。

1.1.2 目标

OKR 是一个目标管理工具，只要存在目标，就能够使用OKR。

那么，目标是什么呢？简单来说，目标（Objectives, O）是"我想达到的目的是什么"或"我想取得什么成就"。区别于长期的使命和愿景，目标是一个组织内的中短期发展的指向标，其对组织和员工来说，应该是重要的、具体的、有挑战的、有鼓舞性的、可达到的。

OKR 欢迎企业制订具有野心和难度的目标，鼓励所有员工不断挑战极限，追求更大的成就。同时，OKR 提倡自下而上地制订目标，即由员工结合企业目标和上级管理者的目标，自发制订自己的工作目标。

1.1.3 关键结果

关键结果（Key Results，KR）是"我如何完成目标"和"我如何判定已完成目标"。关键结果是对目标的说明，一般来说，其需要符合 SMART 原则，以具备量化管理的基础。

SMART 原则

Specific 具体的，精确的

有时限的
Time-Bound

可度量的
Measurable

相关的
Relevant

可实现的
Attainable

SMART 原则如下。

- S：Specific，具体的，精确的。
- M：Measurable，可度量的。
- A：Attainable，可实现的。
- R：Relevant，相关的。
- T：Time-Bound，有时限的。

其中，可度量的这一点非常重要，这要求我们不断检视自身与目标的差距，从而对目标达成情况进行评估。具有野心的目标并不代表异想天开，而是具备实现的可能性，配合关键结果就可以看到其是"如何实现"及"如何验收"的。

1.1.4　OKR 样例

Intel 的第一个 OKR 帮助其完成了从存储器（RAM）到中央处理器（CPU）的战略转型[1]。

目标：展示 8080 处理器的卓越性能（与摩托罗拉 6800 相比）。

- KR1：编写 5 个基准程序。
- KR2：开发 1 个样本。
- KR3：为现场人员编制销售培训材料。
- KR4：与 3 位客户联系，证明材料可以使用。

1　出自约翰·杜尔的《这就是 OKR》。

以百度为例，百度的董事长兼首席执行官（CEO）李彦宏2019 年制订的百度年度 OKR 如表 1-1 所示。

表 1-1　百度 2019 年的年度 OKR

序号	目标	KR1	KR2	KR3
1	打造一个空前繁荣、强大的百度移动生态	恪守安全可控、引人向上、忠诚服务、降低门槛的产品价值观，持续优化用户体验，提升百度系产品的总时长份额	恪守良币驱逐劣币的商业价值观，实现在爱惜品牌口碑、优化用户体验基础上的收入增长，收入×××亿元，同比增长××%	产品要有创新，不能总是"me too, me later"
2	主流 AI 赛道模式跑通，实现可持续性增长	"小度小度"进入千家万户，日交互次数超过×亿次	智能驾驶、智能交通找到规模化发展路径，2019 年、2020 年均能实现×倍速收入成长	云及 AI2B 业务至少在×个万亿元级行业成为第一

续表

序号	目标	KR1	KR2	KR3
3	提升百度的组织能力，有效支撑业务规模的高速增长，不拖战略的后腿	全公司成功推行 OKR，有效降低沟通协调成本，激励大家为更高的目标奋斗，取得比 KPI 管理更好的业绩	激发从 ESTAFF 到一线员工的主人翁意识，使其比 2018 年更有意愿且有能力自我驱动，管理好各自负责的领域	建立合理的管理者新陈代谢机制，打造不少于 2 名业界公认的优秀领军人物

来源：《财经》杂志，《独家 | 百度推动全员绩效变革，管理者大刀能否奏效？》

再以我本人为例。我在 2020 年给自己制订的第一季度 OKR 如下。

目标：完成一门 OKR 线上课程。

● KR1：2 月底前完成课程的定位和设计。

● KR2：组建 6 人评审和试读小组，评审 100% 通过。

● KR3：上线 20 篇专题课程文章。

● KR4：招募 100 名课程付费学员。

1.2　OKR 的来历

OKR 一词源自 Intel 的创始人安迪·格鲁夫在 1971 年提出的 iMBOs 管理系统（Intel 的目标管理系统）。安迪·格鲁夫本人是 MBO 的忠实践行者，他意识到传统的 MBO 在执行过程中存在一些偏差。为了配合 Intel 的战略转型工作，他提出了 iMBOs 管理系统，这就是 OKR 的雏形。

曾任 Intel 副总裁的约翰·杜尔后来成为 Google 的投资人。为了帮助 Google 的 2 位创始人拉里·佩奇（Larry Page）和谢尔盖·布林（Sergey Brin）进行团队管理，约翰·杜尔在 1999 年将 iMBOs 重新命名为 OKR，并介绍给他们。随后，OKR 被 2 位 Google 创始人引入当时团队规模只有 40 人的 Google，并且持续使用至今。如今，Google 的员工已经超过 10 万人。

2013 年，Google Ventures 的合伙人里奇·克劳克（Rich Klau）分享了 Google 的 OKR 实践，他在 YouTube 上发布的题为"How Google Sets Goals：OKRs/Startup Lab WorkShop"的视频，引起了轰动。

凭借 Google 的成功，OKR 被大众熟知。很多硅谷的著名企业学习并使用了 OKR，很多创业团队也将其作为管理框架使用，均取得了良好的效果。

2018 年，约翰·杜尔出版了被喻为"OKR 圣经"的 *Measure What Matters*，2019 年出版的中文版为《这就是 OKR》。

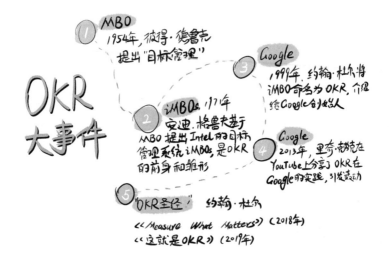

在了解了 OKR 的历史后，接下来深入学习为什么会存在 OKR 这种管理方法。

1.2.1 管理 0.0

人类对于管理的追求一直都在精进。在最早的农耕时代，农业活动非常简单，人们在耕作时不需要进行太多协作，此时以个人和小型作坊为主，不存在组织形式，管理基本处于一穷二白的阶段，相当于管理 0.0。

1.2.2　管理 1.0

进入工业时代后，很多工作开始产业化，工作不再是简单地重复，大量繁杂的、需要协作的工作出现了。为了追求效率最大化，弗雷德里克·温斯洛·泰勒（Frederick Winslow Taylor）提出了科学管理理论，管理进入了管理 1.0 阶段。在这一阶段，"金字塔型"的组织架构出现了，管理出现了层级，工作基本以上级命令、下级执行为主，强调"命令和控制"，等级森严。劳动分工也在这一阶段出现，人被视作典型的"机器"和"资源"，以"胡萝卜加大棒"为典型代表的奖惩机制开始流行。

这一阶段出现的组织[1]主要是红色组织和琥珀色组织。

- 红色组织：其中的典型组织为街头黑帮、监狱等。其以首领崇拜和暴力为主要管理手段，管理方式简单粗暴。这类组织一般没有中长期计划，以被动地应变为主。

- 琥珀色组织：其中的典型组织为政府、宗教组织、军队。其具有比较清晰的组织架构和等级制度，出现了工作流程，也拥有了中长期计划，同时开始进行一些主动管理。

1　本书中红色组织、琥珀色组织、橙色组织、绿色组织、青色组织的概念参考《重塑组织：进化型组织的创建之道》。

管理1.0

高层管理者

中层管理者

基层管理者

基层员工

命令
&控制

红色组织
黑帮，监狱
依靠暴力

琥珀色组织
政府，宗教组织，军队
有中长期计划，组织架构
等级制度

奖惩机制

1.2.3　管理 2.0

进入电气时代，随着脑力劳动的比例不断上升，工作复杂度也在不断增强。工作不再以体力劳动为主，社会开始呈现"复杂"状态，管理也进入管理 2.0 阶段。在这一阶段，组织架构不再是单纯的"金字塔型"结构，而是更加结构化、平衡化，其中"矩阵式"结构是这一阶段的典型代表。企业对员工的关注度有了较大的提高，在管理上出现了 MBO（目标管理）、KPI（关键绩效指标）、BSC（平衡计分卡）、TQM（全面质量管理）、CMMI（能力成熟度模型集成）、六西格玛（6σ）、流程改进、定位等管理实践或工具，XY 理论应运而生。在这一阶段，以关注内驱为主的奖励方式比较流行。

橙色组织是这一阶段的代表。人们开始认为世界是一个比较复杂的机械体，开始探索和理解其内部规律和运作方式，开始更主动地追求创新。橙色组织内部有很明确的结构化架构，追求平衡、适用，其中的典型组织为跨国公司、私立学校等。人们已经具备了很强的责任意识，在组织中出现了较为清晰的晋升规则，在管理上出现了很多方法论，对管理技术和能力有较强的诉求。组织内出现了精英制，在高层管理者确定方向和目标后，中层管理者和基层员工围绕其开展工作。

但是，橙色组织所倡导的成功学也存在一些弊端，如将金

钱和职权作为衡量成功的标准，让人们为了追逐名利而过度消耗资源，为达目的不择手段，造成了归属感缺乏，并带来了空虚感。严重加班、中年危机等社会现象都是这类弊端的现实映射。

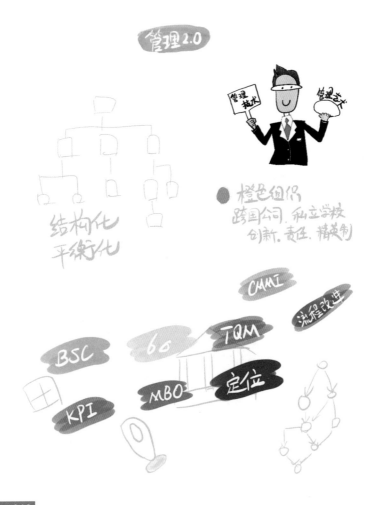

1.2.4　管理 3.0

近几十年，随着计算机和智能手机的发展，信息的流动加速，世界的不确定性、复杂性急剧增加，非线性生态系统表现突出，"混沌"场景频繁出现，管理进入了管理 3.0 阶段，敏捷管理随之出现。敏捷管理最早以敏捷开发的形式出现在软件行业，现在其应用已经从软件开发部门扩展到了整个组织，随之从软件行业扩展到了很多不同的行业。在管理 3.0 阶段，组织架构出现了扁平化和网络化的趋势，传统的管理层级和命令型方式开始瓦解，员工更追求工作的幸福感和归属感。在敏捷组织中，传统管理者被要求具备教练能力，向教练型领导转型。组织会通过更多的授权管理、网状沟通、大规模协作来进行 VUCA 环境下的业务探索，从而使组织更加敏捷。

从根本上来讲，进入管理 3.0 阶段，传统的由左脑驱动的固化逻辑思维将逐步被由右脑驱动的创新成长型思维替代。

绿色组织是这一阶段的代表之一，其中的典型组织为各种社区、非营利性组织。绿色组织是文化驱动型组织，更讲究文化和价值驱动，强调授权，更追求共识和共创，组织内存在大规模的赋能活动。

青色组织是这一阶段的另一个代表，是更高层级的进化组织，其依靠使命和愿景驱动，员工实行自我管理。

OKR 是来自管理 2.0 阶段的工具，却非常适合应用于管理 3.0 阶段的场景。

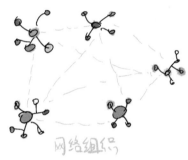

管理3.0

● 绿色组织
文化驱动型
授权·价值驱动

● 青色组织
进化组织

网络组织

右脑时代
沟通
授权
教练型
价值
现实
敏捷
VUCA

1.3 VUCA

1.3.1 VUCA 的概念

近几十年，随着信息科技的飞速发展，我们实际上已经进入了 VUCA 时代。VUCA 最早是军事用语，在 20 世纪 90 年代开始被普遍使用，随后被宝洁公司（P&G）的首席运营官罗伯特·麦克唐纳（Robert McDonald）引入商业世界。

VUCA 由以下 4 个方面内容组成。

● V：Volatility（易变性）是变化的本质和动力，也是由变化驱使和催化产生的。

● U：Uncertainty（不确定性）是指缺少预见性，缺乏对意外的预期，以及对事情的理解和意识。

● C：Complexity（复杂性）是指企业被各种力量、各种因素、各种事情困扰。

● A：Ambiguity（模糊性）是指对现实的模糊是误解的根源，是各种条件和因果关系的混杂。

VUCA 时代

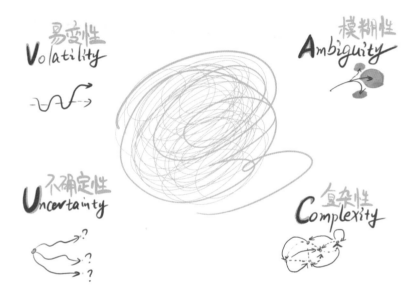

　　人们所熟悉的蝴蝶效应、黑天鹅、灰犀牛都是 VUCA 时代的典型场景。

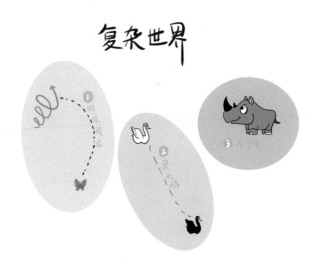

OKR 在 VUCA 时代展现了巨大的威力。通过向组织内成员强化使命、愿景，以及展示更加宏伟的发展蓝图，借助跨业务和跨团队的密切沟通与交互，OKR 可以使复杂组织围绕一个共同目标而共同努力。对使命和愿景的信念，以及对实现宏伟蓝图的期望，可以让组织内各团队更加顾全大局，并且更好地融合，促使其调整自身的目标优先级至与组织一致。

1.3.2　相关概念

1. 蝴蝶效应

一只南美洲亚马孙河流域热带雨林中的蝴蝶，偶然间扇动了几下翅膀，就可以在两周后引发美国得克萨斯州的一场龙卷

风。蝴蝶效应意味着世界处于混沌状态，事物之间的联系错综复杂、不可掌控。

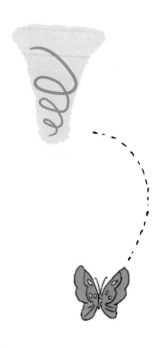

2. 黑天鹅

在发现澳大利亚的黑天鹅之前，欧洲人坚信所有天鹅都是白色的，他们常用黑天鹅来指代不可能存在的事物。这个信念随着第一只黑天鹅的出现崩溃了。因此，黑天鹅的存在寓意不可预测的重大稀有事件，其出现在意料之外，却又改变了一切。简而言之，黑天鹅意味着极小概率的事件将带来较大的影响。

3. 灰犀牛

　　灰犀牛体型笨重、反应迟缓，人们往往在远处就看到了它，但毫不在意。一旦它狂奔而来，定会让人猝不及防，人将直接被扑倒在地。灰犀牛并不神秘，却十分危险，一般是指那些经常被提示却没有得到充分重视的大概率风险事件。

1.3.3 VUCA 挑战

VUCA 是当今社会复杂情况的集中映射。随着 VUCA 时代的到来，人们生活、工作的很多方面都出现了较大的变化，同时面临着严峻的挑战。

例如，随着生活水平不断提高，文化、宗教呈现出多元化的特点。各种文化、意识交织，世界的包容性急需增强。在全球化的环境下，各行业的野蛮增长减弱，各国间的相互依赖程度提高，但商业竞争加剧。随着移动互联网时代的到来，碎片化信息激增，信息的不确定性凸显，整个社会和商业环境更加频繁地出现了竞争、混乱和无序状态。

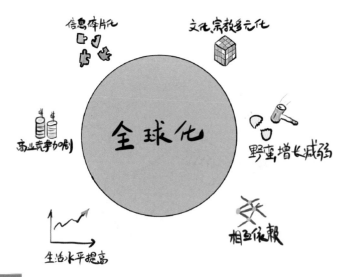

1. 商业环境

移动互联网下的传统商业竞争加剧，这在很多行业和产品上都有所体现，例如，我们特别熟悉的银行，受支付宝、微信支付等互联网产品的冲击，已经发生了极大的变化。

我们经常使用的 ATM，目前其生产和部署规模都已经极大缩减，原本供不应求，一夜之间突然变成滞销产品。银行的服务网点及 ATM 服务点被大量裁撤，网点的服务人员也随之大幅减少。与此同时，小偷这个职业突然之间也无法继续存在，因为人们不再携带大量现金，并且手机也不放在口袋和包中，而是紧握在手里，这使得小偷无从下手。我敢预言，在不久的将来，钱包生意也会大幅萎缩。总体而言，像银行业这样在目前的环境下被极大改变的行业还有很多。

2. 组织结构

在管理学中，有一个著名的康威定律，即组织的沟通方式或生产流程决定了组织的架构设计。传统的职能型组织一般根据专业性进行架构设计，例如：

- 制造行业的采购部、生产部、质检部、仓储部。
- 金融行业的信贷部、零售部、风控部、科技部。
- 软件行业的产品部、设计部、开发部、测试部、运维部。

这样的架构设计在以前非常适用，但是在当前的环境下暴露出越来越多的弊端。这样的组织架构无法实现快速生产，部门间在交付工作时存在大量依赖。

现在，大量传统型企业和互联网公司都在进行数字化转型和敏捷转型，其中很重要的一个环节就是对组织架构进行调整，希望组建更有内聚性的部门或团队，减少依赖性，提升敏捷性。

3. 主观能动

"90 后""千禧一代"（"00 后"）已步入职场，这两代人的个性和自我为传统的管理带来了一些新的挑战，如江湖盛传的"离职规律"。

- "60 后"：什么是离职？
- "70 后"：为什么要离职？
- "80 后"：收入更高我就离职！
- "90 后"：领导骂我，我就离职！
- "95 后"：感觉不爽我就离职！
- "00 后"：领导不听话我就离职！

在目前的工作中，传统的"命令和控制"型管理、外在物质的激励作用正在逐渐减弱，管理难度不断增加。在 VUCA 时代背景下，应对管理难题的方法不再是增加"命令和控制"力度，而是依托简单规则和自我管理进行"涌现式"管理，通过授权、激励、赋能等方式，积极调动员工的主观能动性。

OKR 是一种目标管理方法，在一定程度上也是一个管理框架，使用 OKR 可以令团队、组织具备一定的敏捷性。

1.3.4　战略沙漏

在传统的组织管理中，战略的视角比较长远，其由使命和愿景支撑，变化频率比较小。常规的管理则需要不断矫正目标，变化频率相对居中。至于执行工作，包括日常工作、项目管理、产品开发等，则要进行高频反馈、频繁变更。

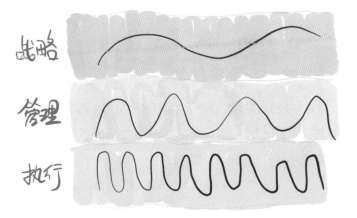

目前，敏捷转型基本都发生在产品和研发团队中，在战略层级通常极不敏捷。我经常使用"战略沙漏"来阐述这一概念。

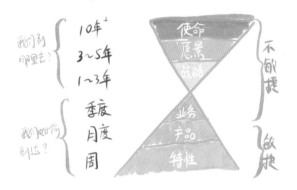

使命、愿景和战略层级阐述的是组织的远期规划，从高层管理者的视角出发，主要解答"我们到哪里去？"的问题。从时间维度来看，使命一般规划的时间超过 10 年，愿景一般维持 3～5 年，而战略常常覆盖 1～3 年。在大部分组织中，使命、愿景和战略的制订和变化都是无法敏捷的。

业务、产品和特性层级阐述的是战略落地和业务支撑能力，主要解答"我们如何到达？"的问题，从时间维度来看，业务一般以季度为周期变化，产品以月度为周期变化，而特性则以周为周期变化。目前，在产品和特性层级，很多组织和团队已经开始敏捷，这是以软件开发为主的敏捷带来的变化。目前的发展趋势是组织转型力求业务也开始敏捷，但行业的现状是，在业务层级，大部分组织依然保持传统状态，无法敏捷，无法快速响应市场变化。

在战略落地过程中，组织往往会面临一个瓶颈，即组织的战略很难按照高层管理者的期望实现，在落地时出现困难，因为在这个过程中，目标对齐、信息沟通、资源保障、组织协同等方面都会存在各种问题。

1.4 未来组织

未来组织是我在帮助客户进行组织变革和敏捷转型时总结出的一套抽象模型，包括业务敏捷化、管理游戏化、组织社区化和增长指数化 4 个部分，也是我未来 10 年的使命。在实践未来组织模型过程中，OKR 给了我许多帮助和支持，尤其是在业务敏捷化和增长指数化方面，OKR 能使客户快速看到成果。

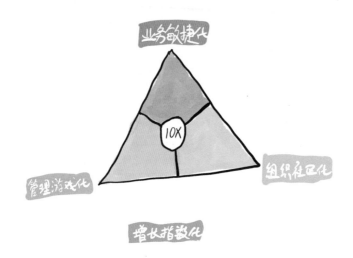

注："10X"表示 10 倍速增长。

1.4.1 业务敏捷化

业务敏捷化是指能够快速响应市场变化、客户变化和竞争对手变化，坚信业务和产品的最终结果需要经历无数次试验，并且通过"小步快跑"、积极试错的方式进行验证。将交付产品或业务的习惯由一次性交付转变为持续性交付，最大限度缩短上市周期，同时大幅缩减研发成本。

1.4.2　管理游戏化

管理游戏化是指突破传统生硬的管理方式，以游戏化的方式进行管理，将传统管理制度转变为设立积分榜、奖励虚拟道具等制度，以乐趣和奖励吸引员工参与互动，使员工能够积极、主动、幸福、开心地工作。

1.4.3　组织社区化

组织社区化是指将传统的"钢铁混凝土"组织结构进行"柔性"处理，不再设置严格的部门边界和管理职责，员工不再隶属某个部门，而是按照个人兴趣、工作性质、职责等组成虚拟部门，虚拟部门之间没有严格的边界，由组织者和志愿者维护，依靠规则和影响力运作。这样，组织就实现了"无组织、有纪律"的低成本管理，由无数个社区组成并运转，员工和社区之间是动态的、一对多的关系。

1.4.4 增长指数化

增长指数化是指帮助组织实现业务的指数级增长，即实现"10 倍速增长"。在这个过程中，要应用数字化转型、敏捷转型、组织变革、目标管理等方式，围绕趋势、行业变化及内部特性促使组织形成高速发展态势。使用 OKR 进行目标管理，可以不断地形成增长飞轮，产生复利效应，实现组织业务的不断增长。

第 2 章

OKR 收益:
使用 OKR 带来的七大收益

使用 OKR 如同射箭，靶子就是目标，关键结果就是射出的一支支箭。有些箭可以正中靶心，有些箭则稍微偏离，还有些箭可能会脱靶。

但是，不管射箭水平如何，靶子和箭一直都存在。在射箭过程中，随着练习量的增加，我们的射箭技能会不断精进，同时会体验到命中目标的乐趣，这就是我们使用 OKR 将获得的收益。

约翰·杜尔在《这就是 OKR》中总结了 OKR 的 4 个"超能力"。

● 对优先事项的承诺和聚焦。

● 团队工作的协同和联系。

● 责任追踪。

● 挑战不可能。

使用 OKR 的过程会给组织、团队和个人带来非常多的收益。我结合近几年的 OKR 使用经历，将使用 OKR 所获得的收益总结为专注、激发、透明、协同、担责、追踪、成长 7 点。

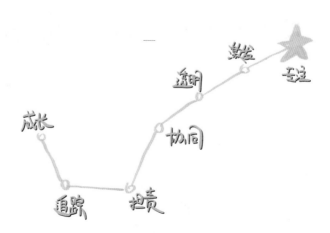

1. 专注

专注是 OKR 的核心价值。在日常学习和工作中，我们经常会遇到以下问题。

- 想要实现的目标太多，使得我们投入的精力和资源比较分散。

- 分不清优先级，总是被低优先级的事情干扰。

- 被紧急的事情占用了太多时间，重要的事情没时间做。

使用 OKR 进行管理的目标一定非常重要且价值极高。OKR 帮助我们专注于重要的事情，使我们能够集中精力和资源取得重要的成果。OKR 也是二八原则的体现，即 20% 的重要目标或事项代表了关注的 80% 的价值。只要我们有足够的能力完成极少数重要目标或事项，就能够收获直接回报。因此，常规工作或影响力较小的目标不建议放入 OKR 中进行管理。

做加法很容易，但是做减法很难，OKR 提供了系统的做减法方法，要求只制订 2～5 个目标，每个目标对应 2～4 个关键结果，这样的规则使我们能够高度聚焦于核心目标，专注于工作。

2. 激发

OKR 的核心内涵是要调动人的内在驱动力，有时也被称为内驱力。丹尼尔·平克（Daniel Pink）在《驱动力》中写到，人的驱动力，除了基本的为满足生存需要的"生物性"驱动力、外在的"胡萝卜加大棒"物质奖惩，还包括非常重要的内在驱动力。内在驱动力具有三大要素：自主、专精和目的。

- 自主：这是主导人生的要素。自主的观点认为人有与生俱来的自我管理能力，自我主导能够对个体行为的表现水准和态度施加较大的影响力。

- 专精：对自己在乎的事情精益求精、全情投入，很容易进入"心流"状态，从而在专注的方向上不断提升。

- 目的：不再首要关注物质奖励，而是追求超越小我的远大目标，以成就感和影响力为驱动力。

在尤尔根·阿佩罗（Jurgen Appelo）的《管理 3.0：培养和提升敏捷领导力》中，"激励员工"是其六大支柱之一，Jurgen Appelo 把内在驱动力总结为十大因素，我们将其戏称为"冠军蛙"（CHAMP-FROGS）。

- Curiosity（好奇）：对思考的需求。

- Honor（荣誉）：对受团队尊重的需求。

- Acceptance（认可）：对被认同的需求。

- Mastery（精通）：对感到胜任的需求。

- Power（权力）：对影响力的需求。

- Freedom（自由）：对感受到独立的需求。

- Relatedness（关系）：对朋友的需求。

- Order（有序）：对稳定环境的需求。

- Goal（目的）：对意义的需求。

- Status（地位）：对社会地位的需求。

每个人的内在驱动力优先级都是不同的，需要进一步探索和开发，就如 Jurgen Appelo 在书中所述，"人是组织中最重要的组成部分，管理者需要付出一切努力来保证员工的积极性、创造力，以及使他们充满动力。"这也要求管理人员从管事的角度向管人的角度倾斜。

OKR 鼓励我们提出具有挑战性的目标，促使我们突破极限。同时，OKR 更提倡自我驱动，认为获得成就感和被别人认可可以激发出自我的潜在能力。OKR 的全民参与、共同制订，以及目标"自下而上"的特性很好地契合了这些内容。

3. 透明

OKR 的制订要求所有人共同参与，同时要求完全公开透明。如果一家企业实施了整体的 OKR，那么上至 CEO，下至基层员工，任何人的 OKR 都应可以被随时随地查阅。这种透明使基层员工的具体工作任务和上级管理者的目标，以及公司战略直接关联。在这种公开透明的机制下，员工看到的不再是工作任务，而是更加宏伟的目标，他们所能获得的成就感会更加强烈。

与此同时，公开透明机制容易使组织内形成公平的文化氛围，容易产生良性的、公正有序的竞争，从而激发出更大的潜力。

透明还能对协作产生正向推动力，可以减少信息传递和隐藏所造成的误解，减少因此产生的返工工作量，提升组织的工作效率。另外，通过透明的机制，我们很容易明确他人和团队的工作目标和工作方向，可以减少很多无效沟通，并且很容易进行协作。

4. 协同

传统管理的目标完全是自上而下分解的，上级负责制订，下级负责执行。而 OKR 则是双向的，不仅有自上而下的目标，还有个人和团队自下而上的目标。

在一般情况下，在高层管理者确定战略目标后，中层管理者就开始针对目标进行讨论和对齐，然后团队和个人再次进行讨论和对齐，这是所谓的上下对齐。同时，OKR 还要求团队和个人在进行目标对齐时考虑协作诉求，打破"部门墙"，进行左右对齐，也就是要和不同的部门、团队协同。所以，OKR 也是一种沟通工具，在整个 OKR 的实施过程中，需要进行广泛的、有深度的沟通，加速信息流动。

OKR 也是一种授权机制，通过目标对齐，组织和上级同时为团队、个人授权，使其在目标范围内开展工作，发挥主观能动性，从而释放创造力。管理者需要从微观管理中解脱出来，转而更加关注规划等宏观管理，将更多的精力投入对团队的管理中。

5. 担责

在 OKR 中，目标对齐不是被动地分解，而是继承，是一种主动的责任承担。在 OKR 的制订和对齐过程中，组织、团

队和个人需要不断梳理各自的价值、目标和职责,尽可能清晰地界定职责,从而提升各层级的责任感和责任心。

同时,对于未完成的承诺型 OKR,要建立问责制度,即建立责任到人的可追踪机制,这样就可以知道 OKR 未完成的根源,进而通过改进机制来克服障碍,提升组织的效率和效能。

由于 OKR 中的目标具有挑战性,所以这也是一个"欢迎失败"的框架,鼓励大家尝试,由组织承担失败的责任。从这个角度来看,OKR 一定不能和绩效考核挂钩,否则会使大家因为畏惧失败、畏惧担责而避免制订具有挑战性的目标。

6. 追踪

在这些年的学习、管理、创业和咨询中,我制订过无数计划,从这些经历中我感受到目标制订相对简单,其难点在于如何达成、如何落地、如何追踪。很多计划不切实际,也有很多计划在制订后就被束之高阁。如何量化和追踪目标对于传统的项目管理和目标管理方式及机制来说,确实存在不小的难度。

OKR 是一个持续的目标量化追踪体系,通过定期追踪和复盘,确保目标的达成,这种可追踪性是很多管理方法和工具不具备的。基于可追踪性,OKR 很容易建立一定的灵活性。在实践过程中,可以根据实际反馈对 OKR 进行调整和修改。

7. 成长

前面提到的透明还有利于学习，即组织内的新人和后进人员，可以通过公开透明的机制，快速不断地学习优秀人员的OKR，从而改进自己制订目标的方法和工作的方式，塑造自己对目标的感觉，挖掘自身价值。通过协同及与团队不断沟通，个人可以大量汲取他人的成功经验，并且了解优秀人员的思维模式，这有利于个人成长。

OKR 的目标挑战性也可以促使团队和个人快速成长。OKR 的反馈机制和复盘机制可以让团队和个人不断地总结、反思、提炼成功的经验和失败的教训。团队之间的 OKR 共享为所有团队提供了学习其他团队经验教训和优秀实践的机会，这也是非常有用的学习成长机制。

面对复杂环境，组织和团队的学习能力非常重要，如果组织不是学习型的，或者团队无法学习成长，那么整个组织的能力都无法提升。我通过实践认识到，团队层级的 OKR 必须要有一个关于团队学习成长的目标，哪怕只有一个目标，也必须是关于团队成长的。团队学习的内容包括：

- 业务与产品知识。
- 技术与工具知识。
- 团队成员互相赋能。
- 沟通与协作能力。
- 团队建设问题。

● 团队成员技能或等级提升。

● 团队成员互备。

另外，关于个人成长，我在实践中还要求管理者至少每半年就要和团队成员进行一次职业发展规划，最好能够每个季度就进行一次。同时，要求在个人 OKR 中必须有关于个人成长的目标，这个目标不但要继承团队 OKR 中关于团队学习成长的目标，还要考虑个人的职业发展规划。

上述 7 点收益均获得后，就会形成一个组织学习和业务成长互动的"飞轮"，团队成员的业务视角被打开，能够更深刻地理解业务诉求，更好地构建知识、技能共享型团队，从而带动业务实现能力逐步提升。

第 3 章

OKR 制订：
好的 OKR 应该这么制订

3.1　OKR 中的目标

3.1.1　制订目标

我们已经知道，目标（Objectives）要回答的是"What"的问题，所有的目标其实都是对未来的假设，需要在未来的工作中进行检验，所以目标应当：

● 面向业务，以成果为导向并形成闭环。

● 能够对组织产生明确的重要价值和意义。

● 具有清楚的意图和抱负，能够起到激励作用或鼓舞人心。

● 使旁观者能够明确无误地判断出其是否达成。

● 原则上，在一个 OKR 周期内不发生变化。

通常建议将各层级的目标数量控制为 2～5 个，小型团队的目标有 1～2 个就足够了。

但是，要制订出好的 OKR 可不是一件容易的事。使命是组织和团队存在的根本原因，而愿景是组织的梦想和蓝图，这两点是组织、团队和员工的原始驱动力。目标在制订时要做好向上对齐，对于组织的使命、愿景、战略和目标，我们不是简单地分解，而是需要在理解的基础上继承，即在吸收且消化了多个目标后，再提出我们的想法和要求，从而支撑上级目标的达成。

关于 OKR 的目标继承，与人类的遗传相似（子女需具备父母的某些特征），OKR 的目标可以是"多继承"的，即下级 OKR 的目标可以从多个上级 OKR 的目标中获得；也可以被覆盖，即进行"加强"或"减弱"，类似于子女的某些特征来自父亲，某些来自母亲。我经常用继承表示 OKR 制订的自上而下，用支撑表示 OKR 制订的自下而上。

对于 OKR 的目标，不需要特别关注量化，只要能够做到定性即可，这一点特别容易形成误区。很多人在制订 OKR 的目标时都习惯制订量化目标，要求其符合 SMART 原则，这其实是一个错误的认知。

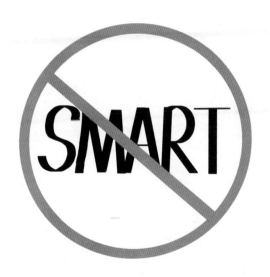

目标需要具有意图性，需要有抱负，能够激励和鼓舞人心，能够让人在完成后产生成就感，我一般这样形容，制订的目标

必须"性感"！目标是以成果为导向的，而成果需要时间积累，所以 OKR 是一个中短期目标体系，需要通过 2 ～ 3 个月的沉淀才能完成突破，从而带来成就感。

建议以积极正向的语句描述目标，使用带有积极色彩的动词进行正向引导，常见描述为"完成……""提升……""达到……"等。

对于 OKR 的目标，我有一个增强版的表达方法，建议将目标按照"结果……原因……"的结构进行描述，也就是在目标中增加了"Why"，这样可以更清晰明确地表达目标背后的动机和目的，便于大家直接理解。例如：

● 提升客户满意度，以实现客户续约率的提高。

● 完成一门 OKR 线上课程，以便于开拓全新领域，完成个人转型。

● 搭建独立的测试环境，从而降低依赖，提升测试效率。

● 完成邮件服务器性能优化，从而压缩硬件成本。

3.1.2 目标的重要性

OKR 作为目标管理工具，在使用时首先要考虑的就是目标的重要性。OKR 不是任务清单，放入 OKR 进行管理的事务一定是非常重要且极具价值的。

在组织和团队使用 OKR 的过程中，一定要进行仔细分辨和细致探讨。我在辅导客户的时候经常使用"价值盘点工作坊"，反复循环"使命—愿景—战略—目标"，以沉淀出价值极高的目标。

3.1.3　构建目标的重要性

通过重要紧急矩阵、价值排序、冰山 5Why 法、多维打分法，对目标的重要性进行排序。

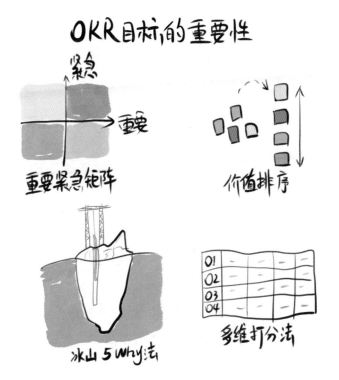

1. 重要紧急矩阵

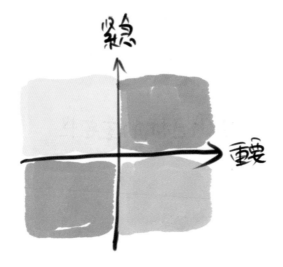

我们通过重要与紧急 2 个坐标轴将矩阵划分成 4 个象限。

● 重要－紧急象限：这个象限常常令人陷入误区。人们特别容易关注这个象限的内容，但鉴于此象限的紧急性要求，原则上来说，放入其中的内容不适合使用 OKR 进行管理，这个象限的内容更适合项目管理或日常工作管理。所以，OKR 的制订者要对这个象限的内容进行甄别与筛选，判断其是否需要使用 OKR 来管理。

- 重要 – 不紧急象限：这个象限是在制订 OKR 时需要关注
  的重点象限，OKR 的目标大部分都来自这个象限。对于
  放入此象限的重要内容，要进行价值判断及影响力判断。

- 不重要 – 紧急象限：对于放入这个象限的内容，需要立
  即给予关注并付诸行动。这个象限的内容常常使我们处
  于"救火"状态，同时特别容易让我们迷失和感到迷茫，
  很容易使我们产生错觉，认为完成其中的内容就创造了
  很大的价值和取得了很高的成就。

- 不重要 – 不紧急象限：放入这个象限的内容是大部分人
  特别喜欢的内容，因为没有时间压力，也没有难度，完
  成起来也比较快，在数量上很容易"堆高"，从而产生
  虚假的成就感。

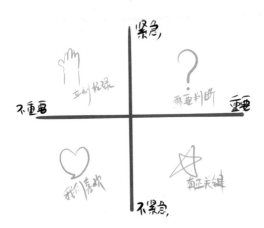

我们将日常工作进行大致分类，并且结合重要紧急矩阵进行可视化展示。

- 常规工作：指日常的管理类工作，包括周例会、月例会等。也指日常的数据类工作，包括数据查看、分析、汇总等。同时，包括一些例行工作，例如，招聘人员需要在招聘网站查阅简历、与应聘人员进行电话面试；行政人员需要整理报销单、跟踪项目进度等。

- 次要工作：基本是指一些价值较低、业务影响度较低的工作。例如，招聘人员需要和用人部门沟通招聘需求并汇报招聘进度；研发人员需要优化开发工具，并且完成某些非必要功能的开发等。

- 重要工作：这类工作与公司业务强相关、能带来高价值回报。例如，招聘人员需要完成对公司核心岗位、中高层管理者的招聘；研发部门需要完成新产品系统的上线；销售人员需要开拓新的市场并完成千万元的销售任务等。这类工作大部分与公司维持正常业务发展和实现跳跃型发展直接相关。

- 兴趣工作：这类工作大部分由团队和个人的兴趣驱动，如某些新技术的研究、某些新渠道的拓展，以及公司内跨团队和跨产品的合作。这类工作可能与个人发展有极大的关系，例如，某员工在对个人的未来发展有了初步规划后，某些目标就会以兴趣的方式呈现出来。

● 创新工作：创新其实非常有趣，对个人、团队和组织都十分重要，其包括业务创新、产品创新、工艺创新、管理创新、生产创新等。某些内部孵化的创业项目或产品也可归入这类工作。

我们可把工作按照上述类别进行分类并放入重要紧急矩阵。从 OKR 的角度来说，我们关注的重点目标应该来源于重要 – 不紧急象限，而不是重要 – 紧急象限。

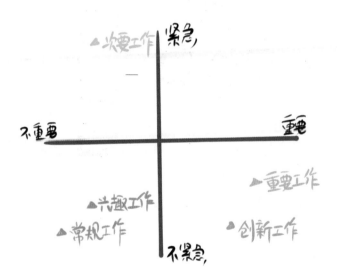

2. 价值排序

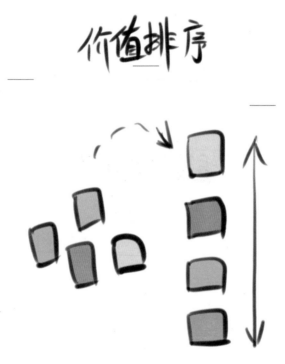

　　我们在制订 OKR 时，会识别出很多重要目标，但是 OKR 需要我们在此基础上做减法。能够使用 OKR 管理的目标，基本上都是重中之重。那么，如何从中挑选出 3～5 个目标呢？一个比较有效的方法是进行价值排序，可将目标写在便利贴上，然后逐步讨论，根据价值不断调整目标顺序。在通常情况下，我们可以将目标从上到下排列为单一队列，最上方的目标价值最高，最下方的目标价值最低，通过反复对比和沟通来识别目标的价值。这一过程有时也被称为"冒泡"，想象一下，一个小气泡自水下漂浮到水面。值得注意的是，在进行价值排序时，目标不允许出现并列。

3. 冰山 5Why 法

冰山 5Why 法是一个非常好用的方法，特别适用于分析从动作或简单目标中深挖出的价值。

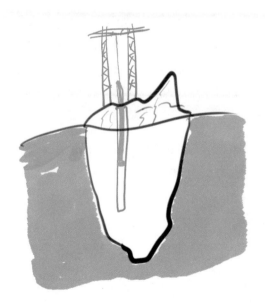

我们通过一个简单的案例展示深挖问题的路径和挖掘出的价值。

> 背景：这个季度我们要为用户制作一个打孔机。
>
> 提问：为什么要制作一个打孔机呢？
>
> 回答：用户需要在墙上打一个孔。
>
> 提问：用户为什么要在墙上打一个孔？
>
> 回答：用户为了挂一张照片。
>
> 提问：用户为什么要挂一张照片？
>
> 回答：用户为了留住和家人的美好瞬间。
>
> 提问：用户为什么要留住和家人的美好瞬间？
>
> 回答：用户想要记录美满幸福的人生。

那么，我们应该如何帮助用户记录美满人生和幸福瞬间呢？

此时的解决方案可能已经变成：

● 我们可以帮用户制作一个电子相册，以此呈现更多的美好瞬间。

● 我们可以帮用户制作一张手机壁纸，以此呈现美好的瞬间。

● 我们可以帮用户制作一则语音日记，以此记录生活的美好瞬间。

4. 多维打分法

有时多个目标各有优缺点，无法快速分辨其重要性。此时可以使用多维打分法，快速识别出相对重要的目标。常见的打分维度有收入、品牌、风险、技术等，各维度的分值为 1 ～ 10 分。在对所有目标都进行打分后，计算各目标的总分并排序，即可比较出较为重要的目标。

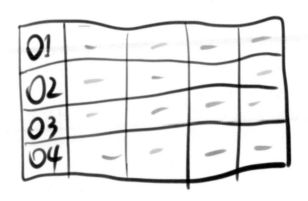

3.1.4 目标的挑战性

OKR 中的目标要具有挑战性。OKR 中的目标不是我们常说的"跳一跳，够得到"的目标，而是一种"射月型"目标，其中需要一定的野心。Google 联合创始人拉里·佩奇将这样的情况描述为"不舒服的兴奋"，同时强调"正视目标的不可能"。领导者要做的事情就是保证目标的正确性，以及树立团队对于目标能够实现的坚定信念。

目标的挑战性和其所包含的野心也是影响力的一种体现，而影响力又是领导力的一个核心因素，OKR 对于组织内的领导力发展能够提供巨大帮助。领导力与组织的结构层级、行政职位设置没有关系，不是靠行政权力获得的。

在理想情况下，OKR 的实施需要企业文化支持，同时又会给企业文化带来显著的影响。

在 OKR 中，目标的性质也决定了其挑战性，通常我会将制订的目标分为动作型（"子弹"）、结果型（"手雷"），以及成果型（"核弹"）3 种。

1. 动作型目标

动作型目标是指目标为非常具体的行动和任务，很多将 OKR 理解为任务清单的团队经常制订出此类目标。常见的动作型目标就是一个个任务，任务执行完，目标就完成了。此类目标通常持续时间较短，也特别容易判断是否已完成。这样的目标一般很难拆解出关键结果，其挑战性相对较弱。

2. 结果型目标

结果型目标是指以结果为导向的目标，常见于将 OKR 作为 KPI 的替代品的组织，也常见于刚开始使用 OKR 的组织和团队。

这类目标的迷惑性很强，常见情况是目标中带有具体的数值约束，如"销售额达到 3000 万元"。这类目标看上去具有一定的挑战性，但从激励团队的维度上评估却很难达到预期效果。同时，这类目标与 KPI 中的考核目标非常相似，因此给很多企业带来困扰，使企业特别容易走上以绩效考核为导向的管理轨道。

当然，我们也不是拒绝结果型目标，但是如果所有的 OKR 目标都是结果型目标，是不是也暴露了一些问题呢？

3. 成果型目标

成果型目标，我有时也称其为魅力型目标，这类目标具有足够的激励作用，往往具有一定的抽象性，其内容比较接近使命、愿景和价值。这类目标在一般情况下很难直接制订出关键结果。例如，"将产品打造为细分市场第一品牌"或"成为高绩效团队"。我经常说，第一次看到这样的目标往往"两眼一抹黑"，需要进一步认真思考和分析其价值。

以上 3 类目标从实施性来看，动作型目标最容易实现，结果型目标次之，成果型目标最难。动作型目标能够为完成工作任务带来直接帮助，并且特别容易判别其是否已完成。从突破性来看，动作型目标最没有作用，而成果型目标作用最大。成果型目标对于塑造团队来说极其重要。

将 OKR 中的目标与 J. Richard Hackman 的团队模型做一个映射，若 OKR 中的目标都比较符合成果型目标的特性，则将对打造自组织团队给予巨大的帮助。

这个团队模型其实也是一个职责矩阵，其具有以下 4 个关注点。

● 整体方向的设定：设定团队的工作目的、方向和目标。

● 团队及其组织环境的规划：确保团队拥有开展工作所需的资源并能够得到相关协助，如工作环境、工具、流程等软硬件措施支持。

● 对工作过程和进度的监控管理：对工作任务和相关数据进行收集、分析、跟踪和汇报，在必要时采取纠正措施。

● 团队任务的执行：完成团队职责内的、目标内的对应工作。

根据管理者职责和团队职责的不同，我们可以将团队分为以下 4 种典型类型。

- 管理者领导型团队：即日常中的传统型团队，有明确的团队管理者。管理者基本上只做管理，即"控制和命令"，帮助团队确定目标，分解和指派任务，并且规定团队的工作流程，同时还需要对任务完成情况进行监控和调整。在这种团队中，团队成员只需要按照管理者的要求进行工作，完成对应的任务即可。

- 自管理型团队：在自管理型团队中，管理者的职责"退化"了。管理者聚焦于设定整体方向，以及团队及其组织环境的规划，更偏向设定目标和提供支持，由团队承担对具体的工作过程和进度的监控管理。自管理型团队和管理者领导型团队相比，团队的自我管理能力进一步提高。

- 自规划型团队：在自规划型团队中，管理者只负责目标的制订，帮助团队把握大方向。团队除了要完成工作任务，还要设定工作流程、选择工具等，同时监控管理团队自身的工作。这样的团队基本具备独立工作的能力，团队的自主性也会出现较大提升。

- 自治理型团队：自治理型团队属于理想状态，我们有时也把这种团队称为自组织团队。团队处于一个非常成熟的状态，业务价值方向非常明确，能够自我设定目标，

并且形成团队层级的管理，团队管理者要做的更多是服务团队，而不是进行管理。

从传统的管理者领导型团队转型为自治理型团队需要进行非常多的团队训练和文化打造，例如，需要使团队具备业务视角；需要团队面向客户和用户思考；需要团队成员具备多种能力，培养复合型人才；需要团队对于目标和价值具备深度思考的能力；需要团队内部形成透明文化；需要团队内部高效沟通；需要团队具备灵活的管理机制等。OKR 为这个转型提供了强有力的帮助。

传统的管理者领导型团队倾向于关注完成工作，目标相对明确和具体，团队目标往往是自上而下的，实施性特别强，即能够非常清晰地知道完成的路径和节点，其偏向动作型目标。

当我们给团队设定了结果型目标后，团队在目标产生过程中和如何实现目标上有了更多的选择权，团队的目标往往通过"上下结合"的方式产生。这种团队的目标在挑战性上有了进一步提升，团队在突破性上有了更强的"洞察"。所谓突破性，即团队开始走出按部就班的舒适圈，开始进行一些创新，尝试取得新的成就，成长为更好的自己。

突破性有助于塑造团队，使团队加速转变为自治理型团队。当团队拥有了成果型目标后，这种目标会引领团队状态向自治理型团队状态前进。

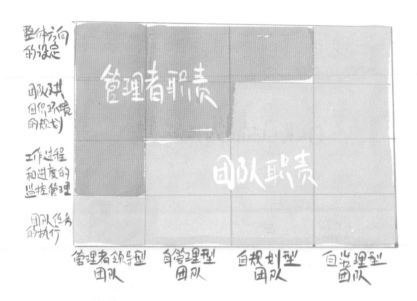

3.1.5　构建目标的挑战性

在 OKR 中，目标的挑战性可以通过创造可能、放大成果、缩短时间这 3 种方式构建。

1. 创造可能

非常多的目标在提出时就被团队否定了，因为团队往往首先考虑的是实现方案和其可行性，目标的高挑战性往往给团队造成极大压力，让团队感到极不舒服。其实，这正是 OKR 的魅力所在，即必须突破传统的惯性思维和改变常规的做事方法，使用创新的方式和方法完成目标。我经常鼓励团队使用"狗急跳墙"的方式实现突破，强调团队在制订 OKR 时，必须先完成目标的制订，再考虑关键结果的制订。要知道 OKR 中的目标是不变的，但关键结果在实施过程中可以不断试错并更新。

所以，对于目标挑战性的构建，首先要打破我们对其可能性的认知，不断将原来认为不可能的事情纳入目标，不要首先说"NO"，而要尝试使用"Yes，But …"的方式进行思维发散和头脑风暴，反复探究其可能性。

2. 放大成果

通过将可能收获的成果放大，也可以使目标更具挑战性。在放大的过程中反复询问，能够收获的下一个更好的成果是什么？如果现在的目标得分是 60 分，那么达到 70 分的目标可能是什么？ 80 分的呢？ 100 分的呢？甚至达到 120 分的目标又是什么呢？

我经常询问目标的制订者，如果目标翻番（也包括反向指标的缩小），我们能实现吗？如何实现？需要什么条件才能实现？目前可以尝试吗？

3. 缩短时间

构建目标的挑战性除了要考虑其可能性和成果大小，还要考虑时间。通过改变时间（如缩短或延长）来增加目标的挑战性。例如，一个目标的达成需要 3 个月，从结果上来说很难再增加挑战性，但如果这时要求 1 个月就达成，那么很明显，目标的挑战性就构建出来了。

在 OKR 管理中，目标既要具有重要性，又要具有挑战性。在使用 OKR 时，首先要解决目标重要性的问题，努力寻找高价值的目标，等到能够分清目标的重要性后，再解决挑战性的问题。也就是说，从重要程度上看，OKR 目标的重要性远大于挑战性。很多初学者往往只关注了挑战性，忽视了重要性，这是常见的错误。

很多 OKR 实践者在使用 OKR 的过程中，如果发现完成目标后收获的成果不能达到期望，往往认为是目标的挑战性不够，所以会不断提高目标的挑战性，这样反而会造成团队和个人对 OKR 产生质疑和反感，出现大量"OKR 不适用"的声音，造成 OKR 的失败。此时，正确的做法是从当前状态出发，反复斟酌目标的重要性，从众多繁杂的工作中不断地对重要性进行探索，找到与战略和业务紧密相关的目标。待重要目标被正确识别后，再提升目标的挑战性，使 OKR 目标体系发挥出"核弹"般的威力。

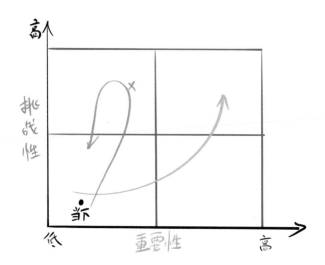

3.2　OKR 中的关键结果

OKR 中的关键结果要回答的是"How"的问题，其重点回答了"我们如何达成目标"，以及"如何知道已经达成了目标"，关键结果应当满足以下 7 点。

- 必须是结果，而且是关键的结果。
- 必须以产出为导向，而非以动作为导向。
- 必须清晰可衡量，满足 SMART 原则。
- 一旦关键结果完成，就能有力地推动目标的达成。
- 在所有关键结果都完成后，对应的目标也就完成了。
- 关键结果与解决方案紧密相关，在一个 OKR 周期内，关键结果可能会发生改变。

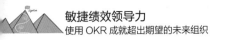

● 关键结果必须能自证已完成。用于自证的证据必须是可轻易获取的和可信赖的，例如，证据可以是变更列表、文档链接、已发布的质量报告等。

3.2.1　SMART 原则

关键结果首先是一个"结果"，而不是活动和任务；其次是"关键"，其对于目标的达成具有非常显著的推动作用，一般推荐每个目标下的关键结果不超过 4 个，最多不超过 5 个，这些关键结果在目标达成过程中是非常重要的结果项。

前面已经介绍过，OKR 中的目标是"性感"的，这里我们也强调关键结果是"骨感"的，是理性的。关键结果要满足 SMART 原则。

目标和关键结果之间是充分必要的关系，目标到关键结果的分解是完整且有效的。当所有关键结果都完成后，目标也就达成了。关键结果也是一种验收标准，可以用于验证目标的达成情况。

关键结果同样需要明确、简单、清晰，如果在关键结果中包含咨询、协助、参与、分析一类的动词，一般描述的都是行为动作，而不是我们想要的结果。我们可以多从用户的角度思考，如用户在达成目标后将收获什么，从而获得关键结果。

在关键结果中，量化非常重要。在描述关键结果时，建议通过以下词汇来体现"度量"。

- 正向：如增加、增长、构建等。

- 负向：如减少、降低、削减、消除、低于等。

- 阈值：如低于、高于、不低于、不高于、等于、达到等。

- 区间：如"从……到……"，以及"在……与……之间"等。

如果想要量化关键结果，就需要掌握大量完整可查的证据。如果组织拥有工具或平台，就可以直接进行数据采集和汇总，并且与 OKR 系统直接关联。

3.2.2　非 MECE 原则

MECE（Mutually Exclusive Collectively Exhaustive）原则，指的是"相互独立，完全穷尽"。这个原则在很多时候都非常有用，但是在制订 OKR 时却无关紧要。因为关键结果是在众多结果中识别关键元素，所以很难做到相互独立和完全穷尽。

3.2.3　信心指数

过低的目标无法激活团队潜力，也无法推动组织业务形成指数级增长，更无法使组织的能力更上一层楼。我们要求 OKR 中的目标要具有挑战性和可行性，但是，如何评估它们的程度呢？是完全依靠直觉和经验吗？其实，在 OKR 中，我们是通过评估关键结果的信心指数来衡量目标的挑战性的。

关键结果也具有挑战性，其信心指数在一般情况下按照
1～10分打分，1分表示完全没有信心，10分表示有足够的信心。
Google 的经验是，信心指数保持在 5 分左右是最好的状态。
我们通过为目标下的所有关键结果打分并取平均分的方式得出
目标的信心指数，从而衡量目标的挑战性。

3.2.4 制订关键结果

关键结果的制订是有难度的，需要专业能力支持，同时也
要有自主性。最好的关键结果是由团队及相关人员共同制订的，
而不是由别人制订好再交给团队执行。

在传统管理机制下，大部分管理者都是从专业人员中提拔
出来的，他们的管理能力比较弱，很难做好团队和人员管理。
而通用的管理能力较强的人员又缺乏专业知识，如果由他们按
照传统方式对目标自上而下地进行分解，执行层级就会非常痛
苦，甚至完全失控。OKR 正视从制订目标到制订出对应关键结
果这一过程的难度和挑战，这部分内容一般由团队完成，团队间
的自主拆解和广泛沟通协作，可以很好地支持关键结果的完成。

对于关键结果的拆解，如果是产品型团队，可以使用一些
产品指标或以 MVP（Minimum Viable Product）的方式进行；
如果是项目型团队，可以使用里程碑或通过分析核心功能的方
式进行。当然，还有很多种不同的拆解方法，此处不再赘述。

关键结果也受时间约束，如果没有给出明确的时间限定，那么默认为需要在本 OKR 周期内完成。

目标和关键结果的对应是一个动态过程，相同的目标在不同的时间和场景下会得出不同的关键结果，相同的目标但不同的团队也会得出不一样的关键结果。所以，目标和关键结果的制订是一个需要不断精炼的过程，也是非常重要和困难的过程。

在一个 OKR 周期内，目标基本不变，但是关键结果可以改变。随着时间的推移，我们发现关键结果已经不适用了；或者经过尝试，关键结果失败了；抑或我们找到了其他达成目标的方式，从而产生了新的关键结果，这时我们都可以对关键结果进行替换。

OKR 在制订时，其目标与所涉及的解决方案具有相关性。下面以"销售额达到 3000 万元"这个目标为例进行介绍，虽然这个目标并不是一个好目标（结果型目标），但是对我们的理解能够提供较大帮助。

如果按照"销售漏斗"拆解这个目标（O），制订出的关键结果（KR）如下。

目标：销售额达到 3000 万元。

- KR1：获得 1200 条销售线索。

- KR2：获得 400 个意向用户。

- KR3：签约 150 个订单，订单回款 2300 万元。

- KR4：跟进上季度订单，回款 700 万元。

如果我们按照"销售区域"拆解这个目标，制订出的关键
结果如下。

> 目标：销售额达到 3000 万元。
> ● KR1：华东区销售额完成 900 万元。
> ● KR2：华北区销售额完成 1200 万元。
> ● KR3：华南区销售额完成 530 万元。
> ● KR4：西南区销售额完成 370 万元。

如果我们按照"客户类型"拆解这个目标，制订出的关键
结果如下。

> 目标：销售额达到 3000 万元。
> ● KR1：大客户完成销售额 1600 万元。
> ● KR2：中客户完成销售额 900 万元。
> ● KR3：小客户完成销售额 400 万元。
> ● KR4：微客户完成销售额 100 万元。

而实际的 OKR 有可能是这样的：

> 目标：销售额达到 3000 万元。
> ● KR1：大客户完成销售额 1600 万元。
> ● KR2：华东区获得 800 条销售线索。
> ● KR3：华南区回款 500 万元。
> ● KR4：华北区中客户获得 80 个订单，回款 900 万元。

3.3　OKR 的多维度

3.3.1　OKR 的分类

从根本上来看，OKR 分为承诺型（任务型）OKR、愿景型（挑战型）OKR、成长型（学习型）OKR。

1. 承诺型 OKR

承诺型 OKR 具有如下特点。

- 与公司指标相关，关乎公司的生死存亡。

- 属于关注当下的行为。

- 目标通常是自上而下的。

- 必须在期限内完成。

- 期望能够 100% 达成。

- 必要时可通过调整资源来确保目标达成。

- 如果目标未达成，就要问责。

2. 愿景型 OKR

愿景型 OKR 具有如下特点。

- 与公司愿景相关，关乎公司的未来发展。

- 属于投资未来的行为。

- 不分层级，所有人员均可提出。

- 默认按季度规划，有时可能需要跨季度完成。

● 能够达成 70% 即算成功。

● 评估资源需求，但不期望所有需求都能被满足。

3. 成长型 OKR

成长型 OKR 是我在实践中总结并提炼出来的。我会经常实践和使用这类关乎组织、团队和个人成长的 OKR。目前，从个人到组织都需要通过学习来实现成长，从而应对复杂的环境。当前，学习型组织也备受公司和组织关注。

成长型 OKR 具有如下特点。

● 与组织、团队、个人的成长发展相关。

● 不分层级，所有人员均可提出。

● 涉及组织人才梯队发展。

● 涉及业务或技术趋势预研和实践。

● 涉及个人成长及职业生涯发展。

需要注意的是，在任何一个层级的 OKR 中都最好有承诺型 OKR，挑战型 OKR 和成长型 OKR 是可选项。这 3 种类型的 OKR 用比较通俗的语句来描述就是"吃着碗里的，看着锅里的，盯着地里的"。

3.3.2　OKR 的制订方式

常用的 OKR 制订方式有 3 种，分别是自上而下、自下而上和上下结合。

1. 自上而下

自上而下的 OKR，通常由管理者制订目标。这种 OKR 制订方式一般存在于以下 5 个场景。

- 管理方式属于传统的"控制和命令"型。
- 管理者风格偏向微观管理。
- 刚开始施行 OKR 的团队。
- 目标具有承诺型 OKR 的特性，并且关乎组织的生死存亡。
- 团队成员经验欠缺，无法有效识别目标。

2. 自下而上

自下而上的 OKR 由员工自己决定目标，这要求员工具有较强的自驱力，并且能够很好地理解上层目标，然后与管理者确认。这种 OKR 制订方式常见于以下 6 个场景。

- 文化氛围轻松、开放的团队。
- 团队管理者为服务型领导。
- 自组织团队。
- 目标具有创新性，符合愿景型 OKR 的特性。

- 熟练使用 OKR 的组织和团队。

- 具有较强专业性方向的组织和团队。

3. 上下结合

上下结合（也被称为共同制订）的 OKR 由管理者和员工共同讨论得出。这种 OKR 制订方式常见于以下 3 个场景。

- 扁平化组织。

- 文化氛围轻松、开放的团队。

- 具备一定 OKR 使用经验的团队。

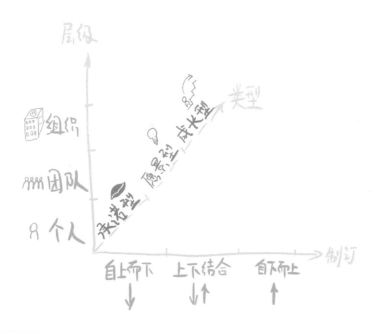

3.3.3　OKR 中的分级

根据涉及层级，一般将 OKR 分为组织 OKR、团队 OKR、个人 OKR 3 个层级，每个层级的 OKR 都具有不同的要求。

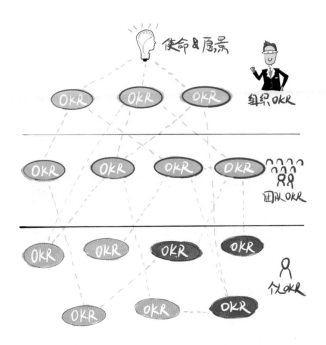

1. 组织 OKR

组织 OKR 中的目标可能来自对组织战略的分解或管理团队的讨论，一般由 CEO 牵头制订，主要作为使命、愿景到战略的映射，有时也会触及业务目标。

组织 OKR 的核心应与战略密切相关，主要关注组织中的核心业务和产品，体现组织高层对整个组织的业务发展的期望。组织 OKR 指引整个组织的工作，是整个组织当前的规划蓝图。在通常情况下，组织 OKR 比较抽象，但是一定要聚焦和专注在能够给组织带来价值的重要事务上。

组织 OKR 通常以季度为单位制订，被称为战术级的OKR，然后按月度进行跟踪，在季度末进行复盘，以此保证战略和战术层级的一致性和实现。

与此同时，也有一些组织会以年度 / 半年为单位制订组织 OKR，按照季度跟踪，在年末复盘，我们称其为战略级的组织 OKR。这种战略级的组织 OKR 的整体视图更完整，能够从更高的层级给组织提供价值牵引。例如，前面提到的李彦宏的 OKR 就是典型的战略级的组织 OKR，从中可以看出百度在2019 年聚焦于移动生态、人工智能，以及提升组织能力。这些目标是宏观层级的，以战略为导向。

2. 团队 OKR

团队 OKR 一般由各团队自己制订，这里提到的团队可大可小，可以是某个中心、部门、业务团队、开发团队、行政团队或职能团队，也可以是虚拟组织，如某些组织的产品委员会、各技术部落等。

团队 OKR 的目标一般要考虑公司的业务发展方向，也要考虑业务发展的里程碑和时间点要求，还要考虑相关部门的依赖和协作，并且要兼顾创新。同时，要关注团队的发展目标、团队的成长，以及团队章程的满足情况。

团队 OKR 主要聚焦于业务和产品层级，其主要来源如下。

● 对组织 OKR 的继承 / 支撑。

● 使命 / 愿景 / 战略的映射。

● 对业务发展目标的拆解。

● 产品设计的交付要求。

● 团队协作方 / 依赖方的要求。

● 团队的爱好及意愿。

团队 OKR 一般以季度为单位制订，按照月度和周来跟踪，在季度结束后进行复盘。团队 OKR 的目标一经确定就基本不再更改，但是关键结果有可能发生变化。

当然，年度、季度和月度这样的周期可以根据公司的特性和业务的发展来设置，如果是互联网创业企业，鉴于其发展的不确定性，可能月度就足够了。某些成熟企业采用季度为周期也是可以的。也有一些移动互联网企业以双月为周期，例如，字节跳动（抖音、今日头条的母公司）。

在团队 OKR 中，比较常见的问题是目标与使命、愿景、战略不匹配，团队只关注"做什么（What）"和"怎么做（How）"，对"为什么（Why）"并不给予关注，聚焦的工作价值极低。我一般将这个现象称为"团队近视"，尤其很多专业化的团队基本手持"显微镜"工作，无法对工作进行展望，这样的团队关注的永远都是紧急的工作，无法对重要工作进行识别和提供支持。

虽然组织 OKR 能够在一定程度上给出远景规划，但是这样的"近视"团队自己制订的 OKR 也会存在比较多的问题。在实施 OKR 的过程中，要帮助这样的团队进行工作梳理和重新定位，通过不断地梳理，使团队聚焦于高价值目标和任务。

团队需要学会从手持"显微镜"逐步向手拿"放大镜"转变，最后学会使用"望远镜"，能够在"望远镜""放大镜"和"显微镜"3 样工具中随需切换的团队才是一个好的团队。围绕团队 OKR 开展工作的一个重心就是让团队找到自己的"放大镜"和"望远镜"，所以团队 OKR 的目标正确性非常重要，目标不正确会使团队工作失去聚焦。

我在使用团队 OKR 的过程中也要求其中必须包含成长型 OKR，因为我接触的企业多为互联网企业，或者为传统行业中的科技企业，这些企业属于知识密集型企业，学习能力和知识积累能力是其生存的根本。随着 OKR 的实施，企业的成长速度越来越快，面临的挑战难度越来越高，对知识和技能的要求也水涨船高。

在制订团队 OKR 中的成长型 OKR 时，应参考如下来源。

● 组织能力的发展规划。

● 业务和产品的中期规划。

● 技术和工具的规划。

3. 个人 OKR

个人 OKR 主要聚焦于产品（服务）和特性（功能）层级，个人成长规划也是一个出发点，其主要来源如下。

● 使命 / 愿景 / 战略的映射。

● 对组织 OKR/ 团队 OKR 的继承和支撑。

● 个人兴趣爱好。

● 个人职业发展规划。

个人 OKR 的周期和团队 OKR 的周期是一致的。个人 OKR 在执行过程中会发生变化，会出现废弃、新增、修改等状态。

个人 OKR 的目标要关注个人职业发展规划，同时也要关注专业能力提升，其中涉及的个人成长目标至少每半年要重新规划一次，个人建议每个季度都要进行规划和更新。

我们要在实践过程中识别目标、制订 OKR，不同层级、不同类型和不同制订方法均会带来不同的影响。

● 承诺型 OKR 带给我们力量。

● 愿景型 OKR 带给我们希望。

● 成长型 OKR 带给我们未来。

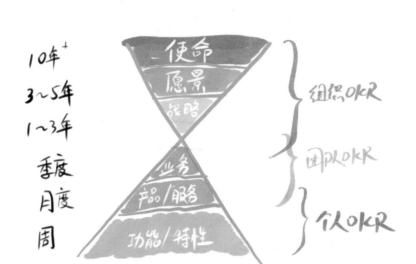

　　总体上来讲，我们更希望 OKR 采用自下而上的方式制订，这样可以调动团队的主观能动性，从而打造自组织团队。

第 4 章

OKR 对齐：
上下同欲和网状协同

4.1 对齐方法

关于对齐，有句话我特别喜欢，叫作"上下同欲，左右同源"。OKR 对齐基本上以年度和季度为单位开展，不仅包括垂直对齐和水平对齐，这一过程还交织了目标的制订和协作。在对齐过程中，需要调动各级管理者和员工的主动性，从而制订出具有挑战性的目标。

OKR 的对齐过程非常复杂，传统的基于个人经验的分解和通过会议的协商很难达到期望的效果。我在实践中使用了很多可视化方法、引导技术、教练技术辅助目标对齐，取得了良好的效果，本章和后续章节将对这些方法与技术逐一进行介绍。

OKR 对齐是 OKR 的一个应用难点。对齐不只针对目标和关键结果，还要讨论和确定对应的实现过程、解决方案。OKR 在对齐的过程中基本遵循层级的逻辑，以使命和愿景为依据，先做组织 OKR 的对齐，其次是团队 OKR 的对齐，最后是个人 OKR 的对齐。

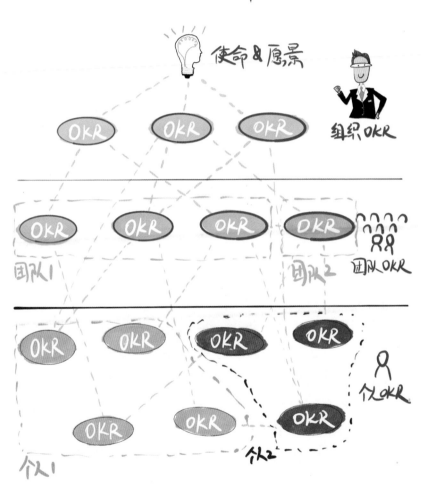

OKR 的制订和对齐基本都遵循"拟订—沟通—修正—确认—公示"的流程，其中存在大量沟通和等待。

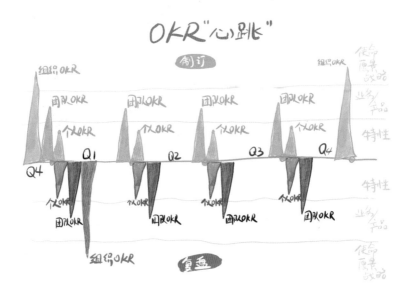

4.1.1　组织 OKR

组织 OKR 的目标来源于公司管理层，是由 CEO 带领高层管理者在制订公司的整体规划时产生的年度 / 季度目标。这个目标主要用来向下对齐，即保证团队层级的目标与之对齐。如果非要向上对齐，那么主要是与使命、愿景、战略对齐，即让年度 / 季度目标对其给予支撑。这些目标主要是基于业务和发展制订的，当然，组织 OKR 不存在水平对齐。

在组织 OKR 的目标草拟并确定后，接下来由组织中的高层管理者制订各自团队 OKR 的目标，待各中高层管理者完成对齐后，再修正形成正式的组织 OKR。上述步骤均完成后，就可以通过邮件等方式向整个组织公布正式的组织 OKR。

4.1.2　团队 OKR

在组织 OKR 确定后，各团队就要开始拟订自己的团队 OKR 了。团队 OKR 要进行垂直对齐和水平对齐。团队 OKR 是有层级的，既有大团队（如企业的中心或部门），也有小团队（3～10 人），团队之间要按照层级关系依次进行 OKR 对齐。

团队 OKR 在进行垂直对齐时，首先是继承和支撑上级 OKR，同时提出团队想要实现的 OKR 目标；其次向下级团队或个人进行向下的 OKR 对齐，通过这一过程将好的目标纳入团队 OKR，同时确保团队 OKR 可以被实现和满足。通过垂直对齐，团队 OKR 实现了层级之间自上而下和自下而上的双向沟通。

团队 OKR 有时也需要进行水平对齐，可以通过制订的目标找到有依赖关系和协作关系的团队，或者找到有兴趣主动承担其他团队的目标、存在依赖关系的团队进行水平对齐。

在拟订好团队 OKR 后，团队领导者依次和上级管理者进行一对一确认，确定正式的团队 OKR，并向团队成员公布。

4.1.3　个人 OKR

个人 OKR 同样存在垂直对齐和水平对齐。

个人 OKR 是 OKR 体系的最终端节点，这里说的垂直对齐主要是指向团队目标看齐的过程。这个过程也是双向的，不但要继承团队目标，还要提出自己的具有想法的目标。

个人 OKR 也存在水平方向的对齐，除了正常协作，也有受兴趣和关系驱动的协同工作。在草拟好个人 OKR 后，还要和团队管理者进行一对一沟通，确定最终的个人 OKR。

组织 OKR、团队 OKR、个人 OKR 的制订、追踪和复盘周而复始，在组织中应该逐步建立起这个节奏，这是组织的"心跳"，任何时候都应该坚持。当组织熟悉这个节奏后，其管理成本会大幅下降。

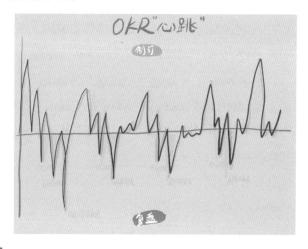

很多组织和团队的 OKR 在对齐后形成了树状结构，这时容易存在的典型错误就是"上级的 KR 我的 O"，出现这样的错误在很大程度上是因为组织使用了传统的"金字塔型"结构与"命令和控制"型管理风格。在进行 OKR 对齐时，要牢记我们进行的是目标对齐，而不是关键结果对齐，所以要深刻吸收和消化目标，不要把焦点放在关键结果上。如果对齐后的结构是树状的，那么这样的OKR 从根本上就已经丧失了协作的"网络效应"。

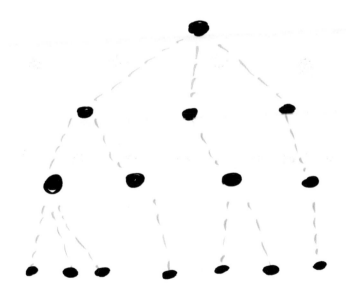

OKR 树状对齐

组织和团队的 OKR 在正确对齐后应形成网状结构，这种网络形态的 OKR 才能最大化地支持组织和团队的战略落地，并且形成协同效应。

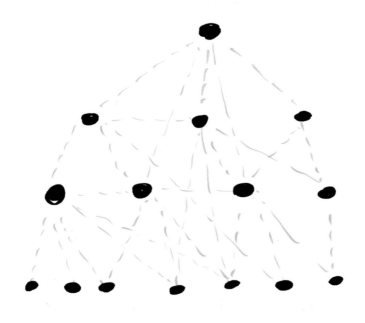

从组织 OKR 到个人 OKR 的对齐过程，如果使用传统的方式，那么对齐持续的时间和过程都比较久。

当然，从组织、团队到个人顺序依次制订 OKR 是一种比较符合传统管理方式的 OKR 制订路径。在现实中存在多种不同的 OKR 制订方法，下面进行介绍。

《OKR 工作法》中介绍的方法是：首先要求全体员工反馈期望的目标，由专人收集并从中整理出最受欢迎的几项。其次由 CEO 发起会议，所有高层管理者参会，会议规模不超过 10 人。每位高层管理者再准备 1～2 个目标，在会议上通过讨论、辩论、争论、投票排序及做决策，制订出组织级的 OKR。

《这就是 OKR》中介绍的方法是：高层领导者通过头脑风暴制订公司的 OKR，在确定后将其传递给每位员工。基于公司的 OKR，各团队开始制订各自的 OKR，并且通过会议分享。在对团队 OKR 进行了为期一周的讨论后，各团队相关成员分享自己的个人 OKR，然后通过与管理者的一对一协商确定最终的个人 OKR。

《OKR：源于英特尔和谷歌的目标管理利器》中介绍了 CRAFT 流程。

- Create（创建）：由小团队起草组织 / 团队 OKR。
- Refine（精炼）：将草拟好的 OKR 提交给上层团队，通过研讨会进行提炼和更新。
- Align（对齐）：识别团队间的依赖关系，联合定义关键结果。
- Finalize（定稿）：把 OKR 提交给上级，获批后定稿。
- Transmit（发布）：沟通并发布组织 / 团队 OKR。

我在实践中会先通过共创工作坊完成繁杂的沟通和修正过程，然后通过一次一对一沟通确定个人 OKR。

4.2 对齐工作坊

4.2.1 OKR 画布

OKR 画布是我在工作坊中常用的工具，其可以划分为业务名称、指标层、目标层、结果层、任务层 5 个区域。

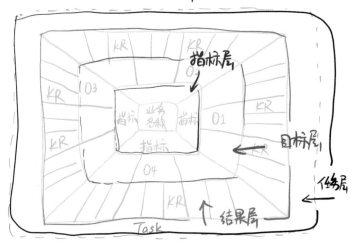

● 业务名称：在此处标明探讨的业务 / 产品 / 服务名称。

● 指标层：主要用来寻找与业务相关的北极星指标和其他度量指标，能够显示业务的状态和进展，其形式与汽车

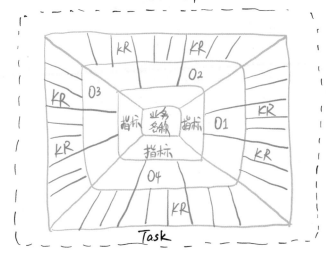

仪表盘相似，可供我们观测业务数据，并且通过对这些数据的收集和展示帮助我们掌控业务。指标（Goal）在一般情况下为 1 ～ 3 个。

● 目标层：OKR 目标（O）会对北极星指标或相关的度量指标产生影响和作用，目标与指标的对应可以使我们更清楚目标的作用范围，同时揭示二者的直接关联关系。但是，不是所有的目标都会和指标产生关联。

● 结果层：主要放与目标对应的关键结果（KR），可以通过不断地筛选找到关键结果。

● 任务层：主要填写与关键结果对应的解决方案，也就是需要完成的关键工作任务（Task）。

4.2.2 OKR 花园

OKR 花园这一工作坊是我常用来进行季度 OKR 制订和对齐的会议，其特别适用于多团队，尤其是具备一定业务相关性（如上下游、协作）的团队。OKR 花园在 30 ～ 70 人的团队中开展情况良好。

1. 工作坊说明

（1）执行者：OKR 教练。

（2）最佳人数：30 ～ 70 人。

（3）建议时长：5 ～ 6 个小时，具体时长随人数规模增减。

（4）工作坊前提：组织 OKR 或上层团队 OKR 已确定。

（5）工作坊输出：各团队 OKR，或者草拟好的个人 OKR。

（6）物料需求。

● A0 或 A1 尺寸的白纸。

● 3 ～ 4 种颜色的 3M 便利贴若干。

● 3M 小立方便利贴。

● 3M 美纹胶带若干。

2. 工作坊脚本

工作坊实施的基本环节如下。

（1）团队 OKR "观天"。

● 此环节时长约 5 分钟，必须全员参与。

● 由公司高层管理者代表对组织的使命、愿景进行简短回顾。

此环节在制订并对齐年度 OKR，或者公司出现重大变化时必须进行；在制订并对齐季度 OKR 时可以省略。

（2）团队 OKR "选地"。

● 此环节时长约 15 分钟，必须团队全员参与。

● 主要用来框定问题范围并对目标的挑战性进行探索。

此环节的核心目的是让团队对 OKR 目标有整体认知。主要的团队负责人宣读及讲解上层团队 OKR，解释组织 OKR 与上层团队 OKR 之间的关系，明确其中的承诺型 OKR、挑战型 OKR 和成长型 OKR，解释挑战的难度，即 OKR 的信心指数。

（3）团队 OKR "松土"。

● 此环节时长约 30 分钟，由各团队独立进行。

● 主要进行业务分析及产品讨论，同步业务发展、行业变化信息、客户变化等信息。

● 明确挑战的可行性并行成初步的解决方案。

● 对组织 / 上层 OKR 的支持程度做出总体信心评估。

每个团队都要制作一张 OKR 画布，在 OKR 画布的中心放入团队名称或主要业务名称。如果支持上层 OKR，那么可以在目标层贴入上层的目标、关键结果、支撑或继承的其他目标，也可以对放入团队的大体目标进行初步讨论。另外，获得的目标也可以放入目标层。目标层中的目标最多不超过 4 个。

（4）团队 OKR "播种"。

● 此环节时长约 120 分钟，由各团队独立进行。

● 使用 OKR 画布对目标进行分解，以此制订团队目标和关键结果。在这一过程中要反复斟酌团队目标的价值，对团队目标进行排序，确定其优先顺序。在正常情况下，还要投票评选出 3 ～ 5 个团队目标。每个团队目标对应的关键结果原则上不超过 5 个。

这一环节要在任务层使用便利贴记录主要的工作任务，并对解决方案、季度 OKR 进行确认。同时，对关键结果进行信心指数评估，最终形成团队 OKR 草稿。

（5）团队 OKR "采蜜"。

● 此环节时长约 30 分钟，必须团队全员共同参与。

● 各团队留守 1 人（"蜂王"），其他人员（"小蜜蜂"）可自由查看其他团队的画布并与其沟通、交流（"采蜜"）。"小蜜蜂"在"采蜜"过程中可以提出建议、质疑，并且提供相关信息。"蜂王"和"小蜜蜂"都要做好对应的信息记录。在完成"采蜜"后，"小蜜蜂"回到原团队。

由于管理层也参与这一环节，上层 OKR 可能会出现调整和修订。如果上层 OKR 出现了调整，那么在调整后要将最新内容及时通知各团队。

（6）团队 OKR "开花"。

● 此环节时长约 45 分钟，由各团队独立进行。

● 各团队成员将在"采蜜"过程中获得的信息与本团队分享，然后通过讨论确定木团队的协作团队和协作目标，同时与协作团队进行信息交换。

● 团队 OKR 的目标和关键结果在信息交流和讨论过程中可能会发生改变并进行修订，所以在交流和讨论后还要对本团队 OKR 进行确认。

（7）团队 OKR "修剪"。

并行任务 1：约 60 分钟

各团队需针对目标制订解决方案，并针对任务进行拆解，同时对各月工作目标和任务进行初步安排。团队成员还要初步拟订个人 OKR 并形成草稿。

并行任务 2：约 60 分钟

● 5 分钟：中高层管理者与各团队管理者初步沟通。

● 40 分钟：中高层管理者、各团队管理者巡游，与各团队沟通，了解各团队的 OKR 及信心指数。

● 15 分钟：中高层管理者与各团队管理者沟通总体信息。

（8）团队 OKR "结果"。

● 此环节时长 60 分钟左右，必须组织全员共同参与。

● 各团队拥有 10 分钟左右的时间向所有人员介绍本团队的 OKR。

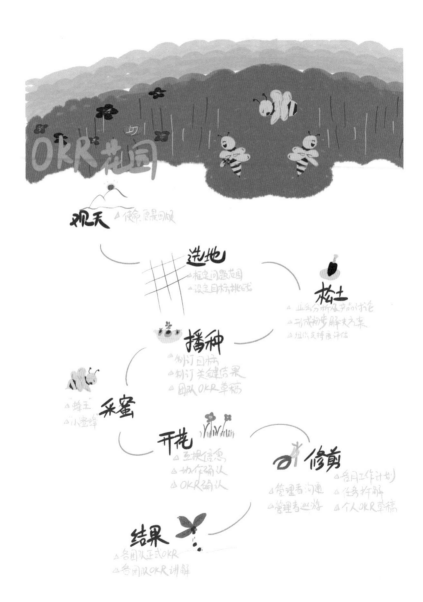

实施 OKR 花园这一工作坊后将收获的成果如下。

● 修订后的、明确的上层团队 OKR。

● 各团队正式的 OKR。

● 草拟的个人 OKR。

4.2.3 OKR 锦标赛

另一个常用的是工作坊是 OKR 锦标赛，此工作坊特别适合组织文化相对轻松，人员技能、技术栈比较相似的团队。

这个工作坊如果能够持续进行，同时在执行阶段能够得到各团队的配合，那么人员技能会被大范围拉通（有助培养复合型人才），团队间的互补性、融合性都会有质的飞跃。

1. 工作坊说明

（1）执行者：OKR 教练。

（2）最佳人数：30 ～ 70 人。

（3）建议时长：5 ～ 6 个小时，具体时长随人数规模增减。

（4）工作坊前提。

● 组织 OKR 已确定或上层团队 OKR 已确定。

● 各团队已草拟团队 OKR。

（5）工作坊输出：各团队 OKR。

（6）物料需求。

● A0 或 A1 尺寸的白纸。

● 3 ～ 4 种颜色的 3M 便利贴若干。

● 3M 美纹胶带若干。

2. 工作坊脚本

（1）使命和愿景回顾。

● 此环节时长约 5 分钟，必须全员参与。

● 对组织的使命、愿景进行简短回顾。

在制订并对齐年度 OKR，或者组织出现重大变化时，此环节必不可少；在制订季度 OKR 时可以忽略。

（2）"入场"。

各团队公开讲解自己的团队 OKR 草案，每个团队拥有 10 分钟时间。建议使用 OKR 画布呈现团队 OKR，这种方式较为简单、直接。画布需要张贴。

（3）"热身"。

各团队交叉讨论团队 OKR，此环节时长约 120 分钟，至少讨论 2 轮。可以设计出多套团队交叉讨论方案，在具体执行时视团队人员、技能等进行安排。

第一轮（Round 1）：约 90 分钟

每个团队将半数成员安排到与其工作相关度最高的团队中，如上下游团队、组件依赖团队、协作团队等。如果某个团队的成员过多，OKR 教练可以进行协调。同时，对该团队 OKR 的目标、关键结果和解决方案进行深入讨论。

第二轮（Round 2）：约 30 分钟

每个团队重新将半数成员安排到与其工作相关度最低的团队中，如从来没有合作关系、业务关系的团队等。同时，对该团队 OKR 的目标、关键结果和解决方案进行学习。

（4）"比赛"。

开展团队 OKR 锦标赛（"抢"和"踢"），此环节时长约 60 分钟，必须所有团队共同参与。

在这一过程中，各团队需要先利用 10 分钟左右的时间决定 2 件事情：

● "抢"一个其他团队的目标。

● "踢"一个目标给其他团队。

接下来，每个团队利用 5 ～ 10 分钟向其他团队说明本团队的决定。这个过程可以设计不同的游戏化规则，例如，团队必须无理由接受其他团队"踢"过来的目标，但是每个团队最多只接受 2 个；再例如，每个团队全年拥有 1 张"免死金牌"，可以用来无理由拒绝 1 个"踢"过来的目标。

（5）"清场"。

● 此环节时长约 30 分钟。

● 重构团队 OKR。

● 各团队重新确定团队 OKR。

● 散会后，对各团队的 OKR 进行公示。

那么，你在实践中是如何操作的呢？

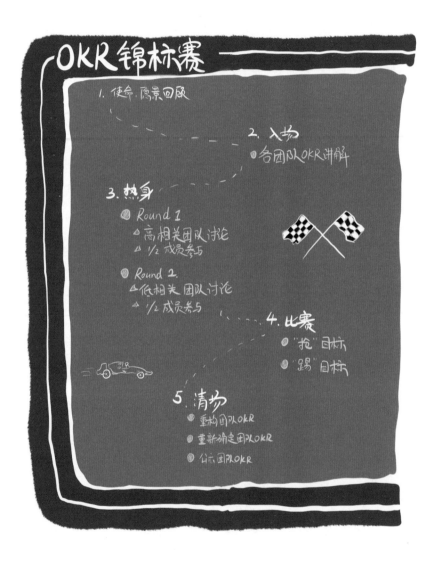

第 5 章

OKR 跟踪:
让 OKR 真正落地

所有管理框架、方法在制订时都较为简单，但是执行起来很难，经常在执行时出现偏差，无法实现，从而无法达成知行合一。

OKR 在制订好后，还需要执行和跟踪，才能完成关键结果和达成目标。那么，如何跟踪目标达成情况？如何明确目标是否需要更改？对于目标的达成情况，有哪些评价方法？本章将对此进行重点介绍。

在对 OKR 的跟踪中，我们关注目标，但是更关注其执行过程，并且会对这一过程持续跟踪。跟踪的核心内容如下。

● OKR 目标是否能够达成？这一点在跟踪过程中要反复确认，所有的跟踪都是为达成目标而服务的。

● OKR 目标是否需要更改？ OKR 的周期一般为 1 ～ 3 个月，原则上来说，在这个短周期内，目标极少会发生改变。目标改变一般受政策和行业影响，或者受竞争对手的影响，例如，针对教培行业发布的"双减"政策和针对数字货币行业发布的"禁止"政策，我辅导的多个组织因此调整了其组织 OKR 的目标。

● 对应的关键结果是否需要更改？如果在跟踪过程中发现对应的关键结果进展缓慢，或者对应的解决方案没有生效，那么就必须及时调整策略，目标可能不变，但是对应的关键结果需要重新制订。

5.1　OKR 周跟踪

建议以单周或以双周为周期跟踪最小颗粒度的 OKR。OKR 周跟踪是一个主观行为，组织 OKR 和团队 OKR 的周跟踪可以以 OKR 周例会的方式进行。

OKR 周例会主要用来评估目标的进展，不太在意关键结果是否达成，而是更关注信息的分享和同步，识别阻碍目标进展的问题和执行中存在的风险，同时要求团队对目标保持聚焦，并且预测下一步的进展将对关键结果产生何等影响。

在 OKR 周例会上，我们会对关键结果进行打分，Google 对关键结果的打分规则（KR 信号灯）如下。

- 红灯：0 ～ 0.3（含），关键结果没有开始执行或基本没有取得进展，进展严重落后。

- 黄灯：0.3 ～ 0.7（含）：关键结果取得一定进展，但与预期还存在一定距离，进展需要关注。

- 绿灯：0.7 ～ 1.0（含）：关键结果基本达成，进展符合预期。

KR 信号灯

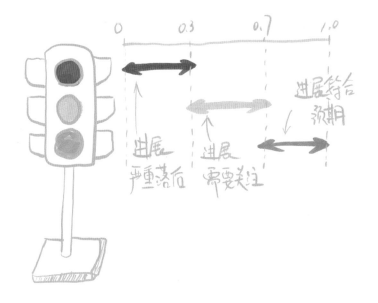

　　在 Google，0.6 ～ 0.7 是期望的得分区间。Google 的目标都很有野心，面临的挑战也很艰巨，能取得这样的分数已经非常不易。但得分高也并不是一件好事，如果得分经常为 0.9 ～ 1.0，只能说明目标没有挑战性。另外，需要注意的是，给予关键结果的分数不会超过 1.0。

针对关键结果的打分机制，其区间和阈值的标准是可订制的，各组织和团队可以根据自己的情况进行调整，例如，Intel 采用的是 0.0、0.5、1.0 的方式。

● 0.0（红灯）：关键结果的完成度低于 50%。

● 0.5（黄灯）：50% 的关键结果可以如期完成。

● 1.0（绿灯）：关键结果已经完成或可以完成。

通过 OKR 周例会进行的 OKR 跟踪和对 OKR 的关注主要以主观方式进行，不需要数据支持，其过程和结果也不要求严谨。不过，对于某些节奏飞快的互联网企业、移动互联网企业等，如果数据可以自动实时获得，那么就可以以很小的代价获得对 OKR 的指示，这种数据就可以直接使用。另外，OKR 周例会也是一次建设团队文化的机会，有助于继承和发展组织文化。

个人 OKR 可以由个人独立跟踪，也可以在 OKR 周例会上跟踪。OKR 周例会可以与平时所说的周例会整合，因为传统的周例会在大多数情况下聚焦于具体任务的执行情况，而 OKR 既有目标，又有过程和结果，当 OKR 周例会开展良好时，传统的周例会就会被完全取代，或者说 2 个会议实现了融合。

有一个 OKR 看板可以介绍给大家，此看板出自克里斯蒂娜·沃特克（Christina Wodtke）的《OKR 工作法》。OKR 看板可以在团队中使用，以周为单位推进工作，简单实用。

OKR 看板是一个简单透明的工具，其使用方式是将白纸贴在团队的办公室背景墙或白板上，在上面书写本周关注的任务、OKR 当前状态、未来四周的计划、状态指示这 4 方面的内容，方便团队进行管理，举例如下。

OKR看板

本周关注的任务 | OKR当前状态

P1：优先级P1＞P2
P1：3~5件对OKR
P2：有推动的事
P2：

目标：
KR1：季度OKR
KR2：中的目标、
KR3：关键结果

未来四周的计划 | 状态指示

1. 协作报告
2.
3.
4.
5.

客户满意度
订单
收入

OKR
指示器

5.2　OKR 月跟踪

传统的 OKR 跟踪要求对 OKR 进行季中跟踪，现在为了操作方便，在实践中基本以月度为单位对 OKR 进行跟踪。OKR 月跟踪是一个客观行为。

组织 OKR 和团队 OKR 的月跟踪可以以 OKR 月度会议的方式进行。OKR 月度会议是相对正式的会议，其形式和 OKR 周例会相近，但是增加了三个关注点：一是目标的中短期变化，这些变化可能来自客户、行业、内部流程、协同等方面；二是需要客观评估关键结果的进展，确认关键结果的完成情况；三是要进行总结，对经验教训进行剖析，对剩余时间需要采取的措施进行调整，从而达成季度 OKR。

OKR 月度会议不再是完全主观的，而是需要一些数据的量化和支持，需要针对关键结果的执行情况收集证据，也需要通过客观数据确认 OKR 的执行状态。OKR 月度会议的核心目的是保证在季度结束时团队 OKR 能够完成，属于对季度 OKR 的早期预警。OKR 月度会议会使下一个层级的团队 OKR 或个人 OKR 产生修改、放弃、新增 3 种变化。

需要注意的是，我们要尽量减少这 3 种变化，目标的网状对齐有助于我们减少这种变化，因为我们关注的是上层目标，而不是对齐的关键结果。OKR 出现的任何变化都要做垂直和水

平方向的通知，确保协作方可以进行同步，如果有工具支持同步就会更加方便。

5.3 OKR 季跟踪

在一个季度结束时，在召开 OKR 季度复盘会议前，个人要对个人 OKR 完成情况进行自评，还要为所有季度 OKR 的目标和关键结果打分。

自评是一个客观量化 + 主观评价的过程，这一过程简单、快速，分数并不严格根据量化结果按比例给出，而是具备主观性，也就是说，关键结果的得分构成是客观 + 主观的，主要考虑的是个人的努力程度。例如，在 2020 年，如果一位销售人员的销售额从数据上看，关键结果的完成情况得分只有 0.2，但是在新冠肺炎疫情的背景下，这已经是非常努力才取得的成果，就可以将他的分数打为 0.5。

在完成对关键结果的打分后，接下来为目标打分。目标的得分等于该目标下所有关键结果分数之和的平均数。承诺型 OKR 的得分期望是 1.0，挑战型 OKR 的得分期望是 0.6 ～ 0.7，成长型 OKR 的得分期望是 0.6 ～ 0.7。

个人的自评不是最终的结果，有些人对自己的要求比较严苛，打分过低；也有些人会夸大成果，打分过高。而且，在主观因素方面，除了要考虑个人的努力程度，社会环境、行业趋势、公司变化、个人成长的快慢、与同事的对比等也是需要考虑的因素，所以最后的得分还需要上级管理者与个人进行一次一对一面谈，而后才能达成共识。

　　团队 OKR 和个人 OKR 相似，先由团队 OKR 负责人自评，再由上层团队负责人复评，从而达成共识，这个过程也是"客观 + 主观"的过程。组织 OKR 也与之相似，需要对目标完成情况进行打分。

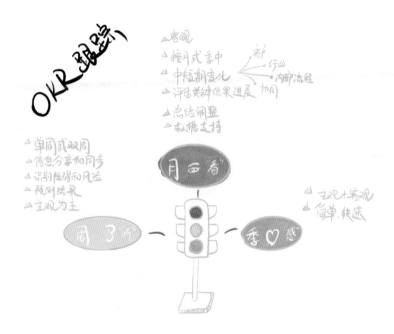

　　由于 OKR 季跟踪呈现的是最终结果，组织 OKR、团队 OKR 和个人 OKR 一般都独立呈现，不通过会议呈现。通过跟踪一般能够快速地得到 OKR 得分。OKR 季跟踪可以和 OKR 复盘活动一起进行，具体顺序可以灵活掌握。

第 6 章

OKR 复盘：
OKR 的强大引擎

在 OKR 对齐中，我们介绍了 OKR 的对齐是沿着组织 OKR、团队 OKR 和个人 OKR 的顺序进行的，但 OKR 复盘过程基本是反方向进行的，即首先做个人 OKR 复盘，其次是团队 OKR 复盘，最后是组织 OKR 复盘。

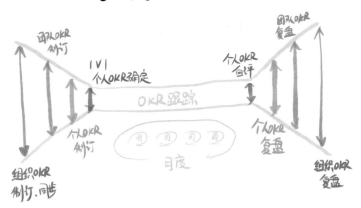

6.1 个人复盘

第 5 章讲解了团队管理者和团队成员需要通过一对一面谈确认 OKR 的最终得分，此外，还需要回答 2 个核心问题：目标进展到什么程度了，以及目标是如何进展到这个程度的。这一过程不仅需要展现领导力，也需要掌握一些教练技术，我将这一过程称为个人复盘。

在进行个人复盘时，需要对季度工作进行回顾，关注点如下。

- 个人季度工作的开展情况。

- 个人的目标达成情况和关键结果完成情况分析。

- 个人对于目标的态度。

- 个人的内驱力挖掘、探索和保持。

- 个人的能力和技能对目标的支持。

- 个人取得的成就、认可和赞扬。

- 个人的经验教训分析。

- 个人重点工作的持续和调整情况。

- 个人发展成长规划。

- 针对团队及组织的发展建议。

- 下一步行动计划。

- 需要领导者给予的支持和帮助。

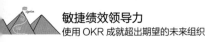
个人复盘过程还涉及持续性绩效管理（CFR）的相关内容，可以使用大量教练技术，这会在后续章节中详解。

6.2　团队复盘

在完成一对一面谈后，团队管理者可以和团队成员共同进行团队 OKR 复盘，共同确认团队 OKR，这个过程是团队达成共识的过程，我将其称为团队复盘，一般通过会议或工作坊完成。团队复盘的关注点如下。

- 团队季度工作的开展情况。
- 团队目标达成情况和关键结果完成情况分析。
- 团队取得的成就、认可和赞扬。
- 团队的人员组成和对应调整。
- 团队的沟通协作机制。
- 团队的工作流程。
- 团队的经验教训分析。
- 团队重点工作的持续和调整。
- 团队的文化建设。

团队复盘是进行文化建设的较佳节点，需要关注的核心内容如下。

- 对组织使命、愿景、战略的进一步强化。
- 对团队章程的条款进行修订，包括新增、修改和废除等。
- 通过实际的共创共识动作，进一步增强团队成员的关系。

● 团队的创新文化、学习氛围及成长计划的进一步关注。

● 团队成员回顾个人的专业技能提升情况和成长规划。

只有这样才能建立学习型组织，组织和团队才能适应不断出现的挑战。

另外，团队复盘需要逐级完成，有时团队复盘也会邀请上层团队的管理者或核心人员参加，这样可以加速团队 OKR 的复盘进度。

6.3 组织复盘

组织层级的 OKR 复盘（简称"组织复盘"）的关注点为组织 OKR 的完成情况，需要关注的核心内容如下。

● 组织目标达情况成和关键结果完成情况分析。

● 组织使命、愿景和战略的调整。

● 组织的经验教训分析。

● 组织结构和核心流程。

● 对优秀团队和员工个人的表彰。

● 组织的文化建设。

组织复盘的一个核心是对整个季度的工作进行回顾和总结，将经验和教训沉淀下来，并且进行分享，使组织内的团队可以相互学习和借鉴。组织复盘的另一个核心是引发思考，即如何将经验和教训应用在下一个 OKR 周期，以及如何帮助完成下一个周期的 OKR。

在形式上，建议组织复盘由组织的高层管理者发起，核心高层管理者、中层管理者、团队管理者共同参与，但参会者不局限为这些人。会议需要公开，任何想参与的员工也都可以参与，如果参与的员工较多，那么可以开设多个分会场，每个分会场安排多个团队共同参与并针对复盘结果达成共识。

组织高层管理者的直接参与会让组织内对于 OKR 的重视程度得到贯彻。同时，组织 OKR 是组织发展方向的直接体现，能够对其整体聚焦和形成指数级增长起到促进作用。

在 OKR 复盘的整个过程中，一个核心任务就是问责。问责的目的不是奖惩，不是要找到未完成目标的责任人，而是要让团队共同认识到未完成目标将会给组织带来的后果，从而建立一个有担当的团队。从高层管理者到基层员工均须不断反省和承认错误，通过试错来学习和成长，从而应对复杂的商业现实。

OKR 复盘的另一个核心任务是关注承诺型 OKR 的达成情况，这是组织和团队很容易忽略的一点。在实施 OKR 的过程中，组织和团队必须协调资源，力保承诺型 OKR 完成。从理论上来说，承诺型 OKR 一般都事关组织的生死存亡，其聚焦当下，解决的是组织的"温饱"问题。而挑战型 OKR 一般面向未来，关注组织发展和增长创新，带领组织奔"小康"。

如果一个团队的承诺型 OKR 没有完成，团队领导者应该迅速进行团队复盘，认真协助团队发现问题并及时改进。如果在完成承诺型 OKR 时总是出现问题，那么团队就需要进行调整，如对团队目标、团队优先级、团队资源、团队技能等进行深度挖掘，采取能够力保承诺型 OKR 完成的措施。

通过个人、团队、组织不同层级的不断复盘，组织将进入认知和学习的正向循环，不断在核心业务上完成挑战和实现突破，从而实现组织业务的高速增长。这一过程在系统思考中被称为"增强回路"，俗称"增长飞轮"，这在亚马逊身上有着非常明显的体现，我们常说的指数级增长和 10 倍速增长也都是指它。

亚马逊认为，如果想要获得增长，就必须有更低的商品采购成本，即要求商品价格更低。商品价格如果能更低，就会带来更好的顾客体验，进一步带来更多的顾客流量，也就是说，顾客会更多。而顾客多了，卖家也就更多了。卖家多了又带来更多的商品品类和产品，客户的选择进一步丰富，顾客体验进一步增强，价格进一步降低，形成无限循环，即系统思考中的"增强回路"，这会不断带来增长。

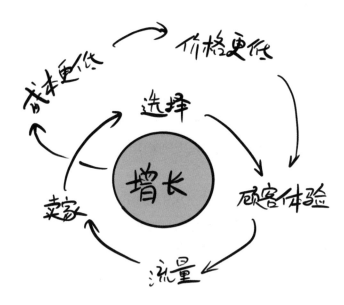

第 7 章

OKR 导入：
让组织和团队使用 OKR

7.1　OKR 导入过程

7.1.1　导入方式

OKR 可以应用于各层级，从个人层级的尝试、团队层级的使用，到部门层级或组织层级的使用，没有严格的限定条件和顺序要求。个人和小型团队使用 OKR 比较简单，基本不需要进行太多前置工作。但是，大中型团队和组织如果想要使用 OKR，就需要获得不同程度的支持和投入不同程度的资源，这个过程一般被称为导入。

大中型团队或组织 OKR 的落地方案多种多样，例如：

● 直接在整个公司范围内实施。

● 仅在公司及高层管理者团队中实施。

● 在试点团队先试行再推广。

● 由个别事业部或团队先实施。

● 只在单独的项目上实施。

在组织层级导入OKR时,和大部分的变革和流程改进一样,为了降低 OKR 导入失败的概率，我们基本上在开始时会使用试点的方式，由一个团队率先开始尝试使用 OKR，在取得效果和认可后，再向部门层级进行多团队试点。在试点完成后，如果高层管理者能够认可现在的效果，就进一步向组织全面推广。

如果没有十足的组织转型经验或 OKR 导入经验，那么不推荐进行自上而下地一次性转变，在转变过程中出现的混乱和资源消耗是很多组织导入 OKR 失败的核心原因。

在导入 OKR 之前，我们需要先完成以下 6 件事情。

● 对公司愿景和文化的了解、确认。

● 对高层管理者，如 CEO 或发起人（Sponsor，也被称为 OKR 大使）的一对一访谈。

● 来自中高层管理者的宣导及辅导。

● 中短期目标的选择及 OKR 的草拟。

● 试点团队的寻找和访谈。

● 与 OKR 相关的培训。

OKR 本身对于组织使命、愿景和文化有较强的要求，试点团队最好能够选择积极、主动、文化开放的团队，并且能够承担 OKR 导入失败带来的业务和人员影响。

7.1.2 导入原则

在试点过程中，建议遵循从小到大、从少到多、从易到难、从短到长、从简到繁的原则。

● 从小到大：试点从小型团队开始，逐步往大型团队过渡。

● 从少到多：建议在初期只为试点团队制订 1 个目标，待团队有经验后，再逐步增加到 2 个，试点阶段的目标建议不超过 3 个。

● 从易到难：用于试点的目标在一开始不要太难，不要一上来就制订具备挑战性的目标，要先给团队建立信心，然后再逐步增加目标的挑战性。

● 从短到长：试点的 OKR 建议在开始时以月度为周期，但每周进行跟踪。等团队熟悉 OKR 后，再建立双月 OKR 或季度 OKR。

● 从简到繁：在试点开始时，目标尽量选择只依靠团队内部就可以独立完成的，不要一开始就制订需要进行水平方向对齐的协作目标，这样的协作目标复杂度较大，依赖较多，执行过程中的不可控因素多，会影响 OKR 的完成。

随着时间的推进，团队对战略的理解越来越透彻，对目标的挑战能力越来越强，团队的自主性也越来越高。对于承诺型 OKR，刚开始其占比较大，因为团队将目标与愿景和战略对齐的能力不强，往往还依赖管理者帮助从中分解目标。在导入 OKR 后，团队对 OKR 的认知从入门状态提升至一般状态，再到熟悉状态，最终达到精通状态，团队的自主性不断上升。团队对承诺型 OKR 了然于胸，对目标的关注越来越偏向于挑战型 OKR。在实践过程中，我推荐的状态是承诺型 OKR 和挑战型 OKR 各占一半。在理想状态下，经过一段时间的磨合，整个团队会达到"人人都是 CEO"的状态，组织的管理方式就变成轻量级的了。

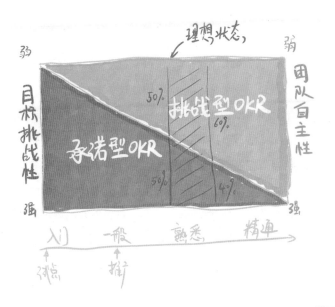

7.1.3　变革阶段模型

1. 库布勒罗斯改变曲线

OKR 导入过程很大程度会受到来自库布勒罗斯改变曲线的影响，这个改变曲线有时也被称为变革曲线。人们在 OKR 导入过程中会经历典型 3 个阶段。

（1）震惊、否认。

● 触动：接触到新的方法，开始感到惊奇，受到触动。

● 观望：在遵循旧习惯和使用新方法中挣扎，持不反对也不赞成的中立态度，持续观望。

● 否认：随着新方法的深入，人们开始跳出舒适圈，此时会出现大量否认和抗拒行为。

（2）愤怒、抑郁。

● 愤怒：否定无效和前景不确定增大，人们变得非常情绪化。典型的情绪就是愤怒，而愤怒背后蕴藏的其实是对被新方法改变的极端恐惧。

● 变通：在看到大势无法逆转后，开始采取变通行为，典型的现象就是和上级讨价还价，寻求妥协和折中。

● 沮丧：当发现采取的绝大部分变通行为都被拒绝后，觉得在变革中被边缘化和放弃，开始产生沮丧的情绪。

（3）接受、接纳。

● 探索：经历了沮丧阶段，人们在变化中开始认识到新方法的好处，并且通过逐步探索，挖掘出其优点和潜在收益。

● 接受：完全接受新方法，从而产生更高效的行为和带来更优异的结果。

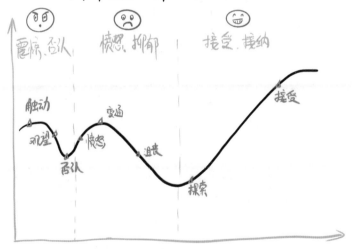

2. 科特变革阶段

约翰·科特（John Kotter）在 1995 年出版的《领导变革》

中介绍了经典的变革管理八步骤，能够帮助我们在导入 OKR 时快速形成系统性思路，提高企业变革的成功概率。

（1）创造变革的紧迫感。

当组织外部竞争加剧，内部战略落地出现困难，或者应对 VUCA 场景下的管理体系缺失，逐渐产生导入 OKR 的强烈诉求时，OKR 导入将更容易实现。所以，推动 OKR 导入的第一步就是在组织内部营造变革的紧迫感。让组织内部看到更多竞争对手和行业相关公司导入 OKR 的成功案例，让大家感受到 OKR 给组织带来的收益，是不错的营造紧迫感的方法。

（2）形成强大的联盟。

我们可以更多地关注 OKR 大使，由中高层管理者和核心人员组建一个 OKR 委员会或 OKR 工作小组，形成强大的影响力和工作推动力。OKR 委员会可以通过各种形式的工作、宣讲，形成不同的工作小组，推动 OKR 进一步落地和实施，并且通过不断收集各种信息消除阻碍。

（3）创建变革的愿景。

在 OKR 导入初期，组织内部对于如何传达导入 OKR 的目标和意义，可能存在多种想法。OKR 委员会或 OKR 工作小组要通过沟通和整理，形成一个组织层面的 OKR 变革愿景。这个愿景最好能够以图像的方式呈现，并且必须清晰、简短、有力，能够帮助人们理解变革的目标和最终将形成的状态，同时激励人们为了达成最终的变革目标而采取切实的行动。

（4）传播愿景志愿者。

在形成 OKR 变革愿景后，还需要将其有效传达给组织内部人员和团队，这个过程是决定变革项目成功与否的关键。

OKR 变革愿景的最佳传达方式是由对 OKR 极其感兴趣的人来传达，借助各种合适的场合反复向组织成员传达，使之深入人心。OKR 委员会或 OKR 工作小组要身体力行，用 OKR 变革愿景指导自己的日常工作，解决出现的问题。如果组织希望员工以实际的行为转变拥抱 OKR 变革，那么 OKR 变革的领导者应该先让大家看到自己的行动及对 OKR 变革深信不疑的态度。

（5）排除障碍。

所有的 OKR 变革都不是一帆风顺的。OKR 的导入会打破人们的舒适圈，会推翻大家按部就班的工作习惯，所以必然会受到部分人的抵制。另外，公司传统的组织结构是基于岗位职责进行划分的，某些现有流程或制度会阻碍 OKR 变革的进一步推进。OKR 委员会或 OKR 工作小组应时刻关注变革过程中可能存在的阻碍，并且采取措施移除这些阻碍，使人们对变革保持信心，确保变革按照计划推进。

（6）创造短期的胜利。

OKR 委员会或 OKR 工作小组要想方设法在 OKR 变革项目初期就创造一些切实可见的成果，以此来证明 OKR 能够带来收益，以及变革愿景的实现具有可能性，同时还能够消除部

分抵制者带来的负面影响。

通过 OKR 给组织带来根本性变化通常需要花费几个月甚至数年的时间，所以在 OKR 变革进程中要设定一些切实可行的短期目标。每达成一个短期目标，就向人们展示变革的成效，从而激励人们朝着下一个目标继续努力，就如同马拉松比赛选手都会在途中设定一些短期目标，通过不断达成短期目标，最终完成整个马拉松比赛。

（7）变革再接再厉。

科特认为，许多变革项目的失败是因为过早地宣布变革已经取得成功。如果要取得真正的变革成功，就要进行诸如流程、制度等更深层次的变革，需要将变革融入公司文化。取得 OKR 变革的早期胜利仅证明有了一个好的开端，为了取得最终的胜利，OKR 委员会或 OKR 工作小组必须对其持续跟进与完善，将 OKR 的步骤和工作与已有的管理体系和制度融合，大幅降低管理成本。

（8）锚定变革的企业文化。

为了进一步固化 OKR 变革成果，OKR 大使和 OKR 教练需要持续推动 OKR 变革，将其融入企业文化，使企业日常运营的方方面面都能与变革愿景保持一致。当然，赢得企业领导者及员工对 OKR 变革的持续支持也十分关键，否则变革将可能退回原点。

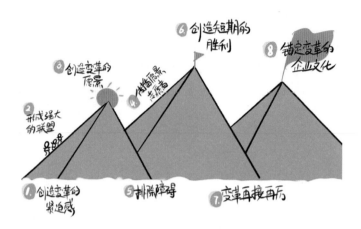

7.1.4　导入角色

OKR 导入需要 2 个角色参与。

1. OKR 大使

担任 OKR 大使的最佳人选是 OKR 导入组织的高层管理者，这个角色只设置 1 位即可。OKR 大使应该具备卓越的领导力、影响力，以及导入 OKR 的十足热情，并且能够督促各级管理者开展 OKR 落地的相关工作。OKR 大使最好也是组织 OKR 的重要制订者，参与组织层级的目标梳理和制订。

2. OKR 教练

OKR 教练负责指导 OKR 的导入和实施，同时负责制订计划并设计机制。OKR 教练精通实施 OKR 的方法，能够辅导各

级管理者进行 OKR 的讨论和制订，引导团队进行 OKR 对齐、跟踪和复盘。在组织内可能存在多位 OKR 教练，他们在不同层级推动 OKR 的导入和实施。许多传统管理者都可以兼任这一角色。

7.2　OKR 导入挑战

在 OKR 导入过程中，我们还需要培养 OKR 领导力文化，包括但不限于：

- 寻找聪明的员工远比寻找合适的员工重要。
- 对价值观的认可比能够完成业绩更重要。
- 使命感应高于个人利益。
- 教练、辅导比管理重要。
- 试错比一次性成功重要。
- 提倡建设性对抗。

另外，在 10 人左右的团队中，导入敏捷的优先级高于导入 OKR；30 人左右的团队是导入 OKR 的最佳规模；在超过 30 人的组织中，除了敏捷，OKR 也极具导入价值。OKR 也可看作一个强大的规模化敏捷工具，能够带来收益且其操作非常简单。

敏捷一词来源于软件开发领域，是指一种轻量级的非线性开发方法，也是一种快速、高质量的价值交付体系。敏捷中常见的 Scrum 框架特别适合 10 人以下的团队使用，其有助于形成一种高效的团队运作机制。

规模化是指在多团队中应用敏捷方法。由于常见的 Scrum 框架只适合小型团队使用，若团队规模较大，则 Scrum 框架可能会失效。于是，SAFe、LeSS、Spotify、SoS 等多种敏捷框架应运而生，我们称之为规模化敏捷的各种方法和实践。

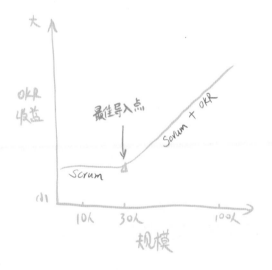

我在为多家公司提供咨询服务的过程中发现，OKR 导入周期平均为 6 ～ 9 个月，除了常规的培训，还需要给予其 3 次左右的季度 / 双月辅导，以帮助其组织和团队固化 OKR 的整体运转流程。同时，通过 3 ～ 5 个 OKR 周期，OKR 的飞轮效应才能逐渐显现出来。

在 OKR 导入的过程中，也存在一些常见挑战。

1. 高层管理者对于使命、愿景和战略的认知盲区

很多高层管理者对于企业使命和愿景的塑造是缺失的，忽视了企业文化建设，只是单纯地进行业务发展及产品开发，他们比较痴迷传统的管理手段，例如，绩效考核、奖惩、激励等。同时，他们对于企业的业务发展没有战略考量，缺少一定程度的中远期规划。没有"灯塔"，团队只能看到眼前。

2. 团队对于目标制订的顾虑

团队受限于传统绩效考核（KPI），对目标的重要性和挑战性都心存顾虑，害怕制订的目标被拿来作为考核指标，从而影响收入。而且，很多团队和个人在制订目标时无法主动"思"和"辩"，不敢提、提不动、不对题都是制订目标时存在的常见现象，我将这个现象称为命题困境。我们必须从企业文化上、从团队机制上入手，为团队授权，给团队赋能。当然，这一切也少不了对 OKR 本身的正确理解。

3. 团队对于解决方案的突破

常常会出现这样一种情况，团队制订了目标，目标具有了重要性和挑战性，但团队还沿用按部就班的做事思维，妄想什么都不改变就能够实现对应的关键结果和解决方案。

此时，团队必须认识到 OKR 中的目标就像奥数题，使用常规的思路和解法是无法解出的。如果想要达成目标，就必须另辟蹊径，使用创新思维，甚至在某些时候还得"狗急跳墙"。

第 8 章

OKR 文化：
让 OKR 生根的土壤

　　OKR 是一个核弹级别的武器，但是在实际使用中往往被当成手榴弹使用。除了受概念理解不到位和目标本身的障碍（重要性和挑战性）的影响，还受到 OKR 的适用场景和文化基因的较大影响。同时，组织的架构设计和管理氛围的影响也相当大。

8.1　适用场景

就我们身处的世界，如果按照因果关系来划分，基本上可以分为简单（Simple）、繁杂（Complicated）、复杂（Complex）、混沌（Chaotic）和无序（Disorder）这 5 种场景，即 1999 年威尔士学者 Dave Snowden 提出的 Cynefin 栖息地模型。

OKR 在繁杂、复杂和混沌场景下可以较好地运行，其尤其适用于结果未知的场景。

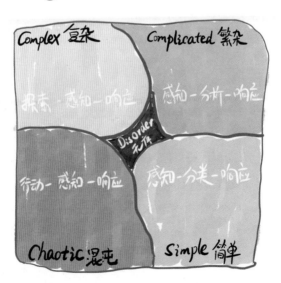

1. 简单

简单场景指的是因果关系非常明显且稳定的场景，我们对于过程和结果都是已知的、可控的，只要遵循一定的流程或规范，基本就可以达到目标。

在我们的生活和工作中存在大量符合这一定义的事情，例如，常规的、重复的工作内容，这些工作存在所谓的最佳实践，很容易被流程化。对于此类情况，基本上采用感知—分类—响应模式即可应对。

- 感知（Sense）：观察事务，查看已发生的现象和已存在的状态。
- 分类（Categorize）：对比历史，根据经验找到适合预定的类别。
- 响应（Respond）：参照流程或历史经验决定应采取的措施。

2. 繁杂

繁杂场景指的是存在基本的因果关系，但结果不稳定，最佳实践时而有效、时而失效的场景，也被称为"已知的未知"。在这种场景下，结果大概率是可控的，但是和历史经验无法匹配，需要专家或专业人员给出建议，才能从众多解决方案中选出最适合的那个，存在依赖经验主义工作的做法。

对于这样的场景，一般来说，采用感知—分析—响应模式即可应对。

- 感知（Sense）：观察事务，查看已发生的现象和状态。
- 分析（Analyze）：对个例进行评判，根据专业知识进行调查和分析，根据历史经验找到适合的解决方案。
- 响应（Respond）：参照专家建议及解决方案决定应采取的措施。

3. 复杂

复杂场景指的是因果关系不明显、结果不稳定，但是在事后经过回顾和分析能够从中探寻到一定规律的场景。

我们目前所处的时代被称为 VUCA 时代，大部分商业、经济、政治、技术其实均处于复杂场景中，在这种情况下，没有所谓的正确答案，只能通过不断学习和不断丰富认知来判断下一步应采取的行动。我们经常说的"小步试错，边做边优化，不断迭代进化"就是很好的应对策略。这种场景可以采用探索—感知—响应模式应对。

- 探索（Probe）：小规模、小批量试验和刺激。
- 感知（Sense）：观察事务，查看已发生的现象和状态，观察并探索产生的结果。
- 响应（Respond）：采取措施，使用放大或抑制手段进一步探索。

4. 混沌

混沌场景指的是因果关系基本不存在，结果也极其不稳定，完全没有任何规律可言的场景。

在这种情况下，我们能做的就是快速行动和观察，先将混沌场景转变为复杂场景，然后再进一步采取行动，防止出现危机或找到新的机会。

在混沌场景下，我们需要快速行动和反馈，可以采用行动—感知—响应的应对模式。

● 行动（Act）：立即采取行动措施，尝试建立稳定关系。

● 感知（Sense）：获得反馈，观察事情的进一步变化。

● 响应（Respond）：采取下一步的措施。

5. 无序

无序场景指的是完全无法归为以上类型的场景，其因果关系混乱，毫无头绪可言。在这种场景下，只能先将无序场景分解为混沌场景或复杂场景，然后再进行处理。

8.2　文化基因

要想使 OKR 在组织和团队中生效，必备的因素就是文化，如果想要激活团队和个人，就必须具备必要的文化氛围。我通过这些年的实践总结出了价值驱动、透明公开、信任授权、允许试错、持续适应、学习成长 6 种文化因素。

1. 价值驱动

价值驱动指的是在工作完成后，还必须探究其背后的核心原因，以及其能为企业和用户带来的价值。换句话说，不能只

为完成工作而工作，而是必须围绕客户或用户开展工作，必须
面向最终的产品、服务和业务交付价值。

2. 透明公开

透明公开指的是将信息和状态与组织和团队完全共享。在
传统的管理机制中，管理者是信息流的大节点和中转点，而
OKR 文化要求信息透明公开，组织和团队能够获取相关信息，
方便进行决策。

3. 信任授权

信任授权指的是传统管理者与员工、员工与员工在达成目
标的过程中，双方必须充分信任，管理者授权团队进行决策和
处理相关事务。

4. 允许试错

OKR 如果要挑战"不可能"，就必须允许团队试错，如果
不具备这个文化基础，团队一定无法制订出具有高挑战性的目
标。以安全、不犯错为导向的文化，极大地限制了 OKR 的发挥，
在复杂和混沌场景下，试错—反馈—学习—行动是非常不错的
行动循环。

5. 持续适应

在 VUCA 时代，变化是主旋律。组织和团队，甚至个人都
必须在此背景下不断改变，以适应内外部环境的变化，这要求
我们必须保持一定的弹性，同时增强反脆弱的能力。

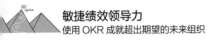

6. 学习成长

在信息时代，智力密集型产业要求必须持续学习才能应对复杂场景。学习型组织和自组织团队都需要成员之间互相赋能，成员的高速成长有助于组织和团队持续具备应对复杂挑战的能力。

8.3 组织要求

传统的组织倾向于按照工作流程划分组织结构，如传统生产企业中的采购部、物料部、生产部、质检部、仓储部、物流部等，再如软件公司的产品部、设计部、开发部、测试部、运维部等。这样的组织结构设计符合康威定律，即组织架构设计就是该组织沟通结构的副本。

在传统组织中，管理追求的是人力资源利用最大化，即效率优先。但是，在未来组织中，为了提高组织的敏捷程度，其结构在组建时必须以效能为中心，这要求组织对沟通模式进行革新，最好的方式就是将接力型组织转变为球队型组织。

1. 接力型组织

所谓接力型组织，就是以工作流程划分结构的组织，这与接力赛的形式相似，上游部门完成工作后移交给下游部门，通过一步步传递完成全部工作。

在以资源效率为中心组建的接力型组织中，经常出现的现象是每个人都在忙，每个部门也很忙，但是整体的产品／服务交付周期却特别长，部门和部门之间的"部门墙"特别严重，组织形成了一个个"筒仓（Silos）"。

在这样的组织结构下，部门间的协作依靠项目管理机制或流程驱动，组织采用"命令和控制"型管理方式，能够比较容易地完成简单场景下的工作。

2. 球队型组织

球队型组织类似于常见的足球、篮球、橄榄球球队，有角色划分，有基本的比赛规则，但是无法按照流程完成目标。球队如果要完成目标，就必须灵活应变，依靠个体的决策和整体的力量。

球队型组织的组建以流动效率为中心，其核心是快速交付和输出，追求的是端到端的价值交付。这样的组织必须打破接力型组织的部门划分方式，按照业务单元组织人员，在业务单元内实现沟通能力最大化，增强"信息带宽"。球队型的组织结构也有助于组织实现扁平化。

球队型组织依靠规则驱动，最大限度发挥成员的主观能动性，采用"一专多能"的 T 型人才战略，打造自组织的高绩效团队，以此应对在复杂场景下进行业务发展时对能力的要求。

8.4 管理要求

在传统企业中，主要的组织结构是金字塔型，采用的管理方式主要是"命令和控制",即依靠上级管理者驱动下级员工。要想用好 OKR,管理方式也需要进行明显改进。

1. 目标型

这是一种新的管理方式,要求围绕目标建立管理体系。

我将传统的管理方式戏称为"老三驱"。

● 老板驱动:凡事都要老板先点头,然后工作才能继续推进。

● 客户驱动:只有客户提出了定制化需求、客户给予了投诉,或者发生了其他类似事情,工作才能继续推进。

● 事故驱动:只有出现了质量事故、服务意外,团队工作才能推进。

如果想要更实现价值管理，就必须抛弃"老三驱"，将管理方式切换为"新三驱"。

● 价值驱动：以组织价值、客户价值、核心业务价值为导向，不断要求组织和团队一起进行价值重构，同时描绘组织和团队的愿景，确定核心使命。

● 目标驱动：将价值分解为业务、收入、财务等各方面的可行性目标，用长期战略和中短期目标代替"老三驱"。

● 产品驱动：以产品／服务为载体实现目标，系统化解决问题，而不是通过临时方案和"打补丁"的方式遮盖问题。

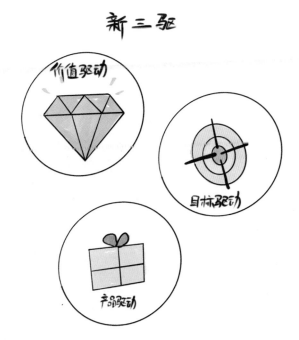

2. 教练型

传统管理者必须改变以往的管理方式，从"命令和控制"型管理者转型为支持教练型管理者。这样的管理者不再教团队如何工作，而是支持团队自主工作，帮助团队攻破障碍，为团队提供所需的资源和力所能及的服务。

教练型管理者更多的是与团队一起制订目标，然后采用发问和引导的方式，让团队和成员进行更多地思考和决策，允许团队"摔跟头"。

第 9 章

OKR 绩效：
OKR 和 KPI 是水火不容，
还是"两情相悦"

9.1　OKR 和 KPI

　　OKR 和 KPI 的关系也是学习和实践 OKR 时的热点和难点，引发了众多误解和讨论。"OKR 就是 KPI 2.0，是新的绩效考核工具或绩效管理工具"，很多人对于 OKR 的认知都是从这里开始的，认为 OKR 是为取代 KPI 而来的，这就大错特错了。OKR 和 KPI 可以说是两套体系，不存在互相替代的关系。

　　随着对 OKR 的了解逐渐深入，新的困扰出现了：在什么情况下使用 KPI？在什么场景下使用 OKR？如果一起使用 OKR 和 KPI，该怎么用，如何用好？我自接触 OKR 以来一直在研究和不断实践这些问题。我们先来讨论正统的 KPI 和绩效管理。

　　关键绩效指标（Key Performance Indicators，KPI）是业界最有名的绩效考核工具，它既是一种可量化的、被事先认可的、用来反映组织目标实现程度的重要指标体系，也是企业绩效管理过程中的一个实用且有效的工具，更是实现绩效管理的一个重要内容。KPI 本质上也是一种目标管理工具，也被要求满足 SMART 原则，它主要通过结果考察绩效，不关注过程，一切用指标来说话。

　　KPI 的初衷是美好的，其本意是帮助提升绩效，但 KPI 对结果的过度量化使其对于过程给予的关注度极低。要知道对事务的度量本身就需要做到全面和平衡，而大部分公司对指标的拆解是片面和失衡的，这就赋予了各层管理者和员工非常多的操作空间。KPI 通过奖惩的方式将指标实现情况与个人收入挂钩，使大家为达指标不择手段，再加上国内的管理水平普遍较低，大多使用 KPI 代替管理，逐步形成了唯指标论，KPI 由此臭名昭著。例如，下面 3 个典型案例描述的情况大家多少都经历过。

● 想要提升产品的受欢迎程度，于是选择了 PV 作为 KPI 指标，产品经理为了满足指标要求，将原本简单的流程进行拆解，通过多个页面才能完成，使得交互变差，指标虽然达到了，但用户却流失了。

● 身处相同的销售岗位，具备相仿的能力，小王和销售总监关系更好，销售额指标只有 500 万元，而小李身上却背着 1000 万元的销售额指标。

● 公司品牌的微信公众号、微博需要 200 万粉丝关注，直接花钱买"垃圾粉丝"能又快又好地达成指标，但是无法满足实际的运营效果。

除了会出现上述使用上的问题，产生于 20 世纪 80 年代的 KPI 在新时代的组织管理变化下，尤其在知识密集型产业中，也面临一些直观挑战。

● 近些年环境越来越复杂，工作目标的不确定性越来越大，对于研发和创新团队来说，KPI 很难制订。

● 传统的管理都是基于部门和岗位的，例如，开发人员、测试人员的岗位职责都比较单一，KPI 的制订相对容易，在管理时可以形成规模化效应，管理者容易管理，考核成本较低。而在敏捷环境下，传统职能部门转型为特性团队，采用角色管理，一个人往往动态扮演了多个角色，团队管理者在面对多角色团队时，KPI 制订难度较大，因为每个人都是个性化的，管理成本剧增，数据收集成本也非常高。

● 随着"90 后"和"00 后"逐渐成为职场主力，他们的价值观多元化，对严格执行 KPI、约束管理的接受程度越来越低。

总结一下，传统绩效管理面临以下 7 个挑战。

● 流于形式。

● 聚焦考核，以考核代替管理。

● 个人积极性被压制。

● 周期长。

● 缺乏沟通。

● 不关注组织愿景和长期目标。

● 个人主观意识强。

所以，如果现在还只使用 KPI，在管理时就会感到力不从心。如果想提升绩效管理的效果，就必须做出一些改变。OKR 有助于提升绩效管理水平，但 OKR 不是绩效管理工具，如果非要将 OKR 纳入绩效管理，可以考虑使用 OKR+KPI 的组合方式，也可以考虑使用 OKR+360 度绩效评估的方式，等等。

为了更好地区分 OKR 和 KPI，我们可以参考表 9-1 对比 OKR 和 KPI 的不同之处。

表 9-1　OKR 与 KPI 的不同之处

维度	OKR	KPI
底层思维	Y 理论	X 理论
底层认知	生物体	机械体
关注形式	过程 + 结果	结果
制订方向	自上而下和自下而上	自上而下
透明性	公开	私密
设定时间	年度 + 季度	年度
过程管理	持续性：周、月度、季度	一次性：年度
考核相关	不用于考核	用于考核
关注点	关注发展	关注考核

那么，在什么情况下使用 KPI，在什么情况下使用 OKR，以及怎样使用 KPI 与 OKR 呢？

我们使用 Stacey Matrix 模型，根据需求不确定性和技术不确定性的程度，将 KPI 与 OKR 的适用场景（已在 8.1 节详细介绍）进行对应。

● 简单场景：KPI。

● 繁杂场景：KPI 为主，OKR 为辅。

● 复杂场景：只用 OKR。或者 OKR 为主，KPI 为辅。

● 混沌场景：OKR。

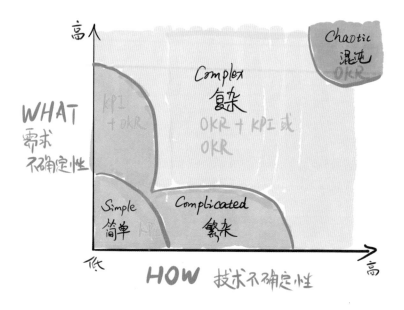

如果我们将自己的工作按照类型进行简单分类，大致可分为以下 5 类。

● 常规工作：这些工作基本上是日复一日进行的，例如，一些管理类工作（如周会、月会，以及相关的报告撰写等）、数据类工作（如常见的数据查看、数据分析、数据总结等）。

- 次要工作：这些工作大部分业务影响较小或业务价值回报低，属于"鸡肋"，不做不行，做了意义也不大。例如，一些紧急工作、大部分缺陷修复工作，以及本职工作职责内的工作（如 HR 的招聘工作、查看简历、面试邀约等；再如财务人员的财务工作、财务报告等）。

- 重要工作：这些工作大部分与战略相关，业务影响大，价值回报高。例如，业务流程设计、业务盈利分析等；再例如，HR 的人才培养、战略支持，人员招聘，核心人员的稳定等。

- 创新工作：涉及的范围较广，从产品、服务到个人职责等都可能涉及，例如，新一代产品研制、产品服务整合、HR 招聘数字化等。

- 兴趣工作：此类工作大部分基于团队和个人的兴趣、发展、学习，例如，汽车中控团队对于自动驾驶技术的学习、HR 对于财务知识的学习等。

这些工作类型的划分并不符合 MECE 原则，在落地实践 OKR 时，必须掌握这些划分原则，并且能够灵活地进行分析和判断。

常规工作、次要工作和重要工作原则上都可以使用 KPI 进行管理，尤其在常规工作和次要工作的范围内，大部分过程都是重复的，产出都是明确的，但是产出的影响力小，"杀鸡焉用牛刀"，使用 OKR 进行管理没有必要。重要工作是制订

OKR 时主要关注的部分，而且主要是在制订承诺型 OKR 时。

至于创新工作、兴趣工作，因为这些工作大部分的最终产出物不明确，所以完全无法使用 KPI 衡量，但非常适合使用挑战型 OKR 进行管理。

关于 OKR 和 KPI 的混合使用场景，我给出的建议如下。

● 承诺型 OKR 可以使用 KPI 管理，挑战型 OKR 不适合使用 KPI 管理。

● 常规工作使用 KPI 管理，创新工作使用 OKR 管理。

● KPI 可以作为度量关键结果的数据来源。

● 经营性、业务性工作使用 KPI 管理, 研发性工作使用 OKR 管理。

● OKR 本身不用于考核, 但其结果可以使用 KPI 进行约束。

打个比方, OKR 就像 GPS, 可以指引我们到达目的地, 指引我们找到前进的方向; 而 KPI 则像仪表盘, 可以展示我们所驾驶的汽车的油量、速度、温度、转速等。所以, OKR 和 KPI 是一对 "CP" (Couple 的缩写, 意为组合), 它们各自都有适用的场景, 也各自都有专注的方向, 可以无缝联合使用。

9.2 敏捷绩效

前面已经介绍了 OKR 的制订、对齐、跟踪和复盘等内容, 但是这仅是 OKR 的外在, 接下来介绍 OKR 的内在。

OKR 的核心假设有 2 个。

● 组织的战略是正确的。

● 员工的内驱力是被激发出来的。

OKR 无法保证目标制订的正确性, 但是员工的内驱力却可以通过 CFR 的框架被激发出来。

9.2.1 CFR 与 CPM

CFR 是 持 续 性 绩 效 管 理 (Continuous Performance

Management，CPM）的实现工具。CFR 代表了对话、反馈、认可。

- 对话（Conversation）：管理者与员工进行的真实地、高质量地交流，旨在为绩效提升起到驱动作用。
- 反馈（Feedback）：员工之间的面对面沟通或网络交流，用以评估工作进展情况并探讨未来的改进方向。
- 认可（Recognition）：根据员工所做贡献的大小给予对等的表扬、表彰。

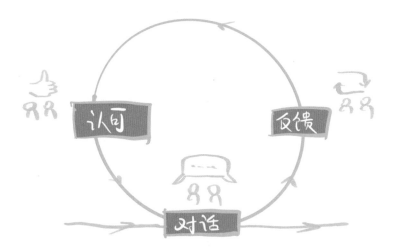

持续性绩效管理与传统的绩效管理有所不同。传统的绩效管理通常以年度为单位进行，可划分为绩效计划、绩效辅导、绩效考核、绩效面谈、绩效改进 5 个环节，但在实际执行中

往往只剩下所谓的绩效考核，而绩效考核如 360 度绩效评估
（360°）、BSC 等，又以 KPI 为代表，如此一来，KPI 就成
为绩效管理的代名词，就难免有些以偏概全了。传统的绩效管
理周期长、成本高、绩效提升效果差，再加上起源于通用电气
公司（GE）的"强制分布"，很多公司每年都会公布降薪和淘
汰人选，使得绩效管理更加声名狼藉。

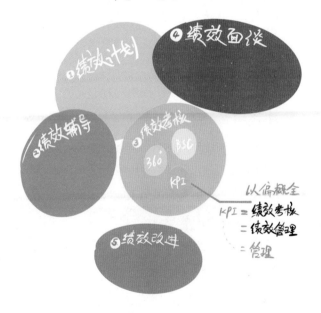

　　从根本上说，绩效管理持续进行、不断优化，是一个螺旋
上升的过程，其本质是使组织和员工的绩效表现能力得到提升。

在新时代背景下，组织需要使用更高频、更能激发员工内驱力的绩效管理方法，于是，持续性绩效管理应时而生。

持续性绩效管理包含以下内容。

- 以目标为中心。CFR 不以考核为重点，而是以制订与组织一致的目标为目的，并且拥有明确的截止日期和里程碑。

- 持续对话。持续性绩效管理不再以一年为周期进行一次对话，而是通过管理者与员工的持续对话、一对一访谈，以及实时进度更新来保证更好地进行目标对齐。

- 网络化反馈。传统的绩效评估通常是自上而下的管理者考核，而持续性绩效管理的反馈来自整个组织的 360 度绩效评估，包括上下级、同级和其他人员。

- 前瞻性。传统的绩效考核面向过去，以回顾过去一年的工作为主。而持续性绩效管理面向未来，其使工作内容与成果保持一致，并且积极认可员工的成就。

- 轻松评估。由于所有有关员工成就和反馈的信息都被记录在 OKR 表格内或 OKR 工具中，在季度末或年度末对员工进行评估就变得十分容易，不再需要收集大量数据和证据，也不必再耗费大量时间和精力来进行工作回顾。

9.2.2　对话

对话主要指管理者和员工之间的一对一沟通。沟通可以面对面，也可以通过电话、视频等方式进行。对话需要保持较高的频率，除了在前面提到的在 OKR 季度目标确定、OKR 季度复盘时需要进行，也应该随时进行。

通过近几年对 CFR 的实践，我认为典型对话场景可概括为以下 5 种。

典型对话场景

设定目标　了解进度　向上反馈　向下反馈　成长规划

· 1. 设定目标

此类对话每个季度开展一次，主要对上季度的目标完成情况进行回顾、评价，以及确定下季度目标。

核心问题：目前最重要的 3 ～ 5 个目标是什么？主要的工作是什么？

2. 了解进度

此类对话可随时开展，主要用于了解和沟通当前目标的进展。

核心问题：目前目标的进展如何？

3. 向上反馈

此类对话每个季度至少开展一次，主要用来与上级管理者沟通，寻求帮助，清除障碍。

核心问题：我需要寻求哪些帮助？

4. 向下反馈

此类对话每个季度至少开展一次，主要用来与团队成员、下属、协作方进行主动沟通，帮助他们清除障碍，推动目标的达成。

核心问题：有什么需要帮助的？完成目标的积极性如何？

5. 成长规划

此类对话每半年至少开展一次，主要用于与团队成员进行职业发展规划的主题沟通，帮助团队成员梳理职业规划，制订成长计划，使团队快速成长。

核心问题：关于职业规划，你的想法是什么？

9.2.3 反馈

反馈需要一定的组织文化和团队文化支撑，如果文化是透明的、公正的、积极的，那么反馈的价值就很大。首先，反馈要求要及时，其可以是定期的，也可以是随时的，但是一定要在第一时间进行，避免事后很久才反馈，这反而会让大家感觉是在"秋后算账"。其次，反馈要求内容要具体，不管是优点还是待改进的问题，在反馈时都要将其明确和细化，不能笼统表述，这样反馈才能起到促进作用。同时，反馈也要评估信任因素，基于信任文化和氛围的反馈才能深入人心，才能让大家重视和真正感受到被关注和鼓励。最后，反馈应该开诚布公，尽量面对面直接沟通，这对于建立信任文化也能起到正向作用。

反馈有 3 种类型，在 9.2.2 节提到的对话场景应用反馈所形成的对应关系如下。

● Giving：我能给予什么？核心是"推"，例如，向下反馈。

● Getting：我要获得什么？核心是"拉"，例如，向上反馈。

● Asking：以沟通和信息交换为主，"推"和"拉"都有，例如，设定目标、了解进展、成长规划。

当然，反馈不只是发生在上下级之间的对话，其更应该是员工与同事、协作方可随时随地开展的对话。同时，反馈也不只有对话一种形式，例如，也可以利用 OKR 的公开性收集反馈，或者利用某些工具对目标、关键结果的执行结果和执行情况进行"点赞"、讨论、备注。

具备成熟反馈能力的领导者或教练，在设计一个好的反馈活动时，会考虑到速度的快慢、结构的松紧、进展面向过程还是结果，以及主动权是在自己手中还是对方手中，等等。具体内容将在 10.1 节进行介绍，此处不再赘述。

9.2.4 认可

认可是指积极对工作给予承认和赞许，经常认可可以使大家对工作保持热情、积极投入。认可不需要长篇大论，有时只是一句"感谢你"或"你很棒"就足够了。

认可的方式很多，例如：

● 对符合公司愿景和战略的事情，以及 OKR 的工作进展给予及时、公开表扬。

● 对具体行动和工作成果给予表扬，更多的是针对目标和工作进展给予认可。

● 保持对小成就的积极表态，使员工能够经常受到表扬。

● 认可不仅发生在上下级之间，同伴之间、协助方之间都可以互相给予认可。

● 利用各种途径和方式给予认可，除了当面认可，还有发布公告等公开途径。

● 给予员工更多的展现机会，鼓励其在内部社区、外部大会分享成功经验。

市面上有很多书将 OKR 命名为"敏捷绩效"，我不太认同，我的定义是：敏捷绩效 = OKR × CFR + KPI。

OKR 是敏捷绩效的外在形式，CFR 才是敏捷绩效的核心内涵，将 CFR 和 OKR 搭配使用可以获得倍增的效果。

敏捷绩效具有如下 3 个特性。

● 持续：以较高的频率及时开展绩效对话。

● 多样：以正式和非正式的方式收集反馈，融合教练技术、引导技术等。

● 灵活：认可的频率可设定，方式可设定，随时可给予。

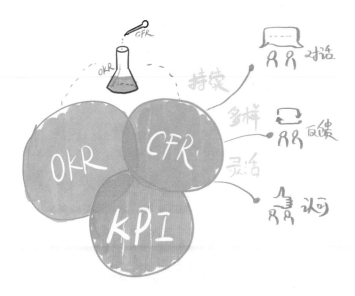

　　OKR 是一个系统，用来反映组织的优先要务，也用来洞察组织的未来发展方向和当前重点工作。CFR 则能确保我们不断审视过往，从动力、方向、纠偏等维度保证 OKR 顺利实施。

　　CFR 绝对不是简单的流程和方法，它需要经过不断地实践，以及借助大量引导技术和教练技术的支撑才能高效实施，它更像是催化剂，让 OKR 的威力更大、更强。CFR 和 OKR 的搭配使用可以让团队找到最适合的"化学元素"和"组成工艺"，帮助组织打造高绩效团队。

9.3 OKR 鸡蛋模型

总体来讲，OKR 就如同我们平时看到的鸡蛋，大部分人首先看到的是 OKR 四大"规则"：制订、对齐、跟踪和复盘，而且绝大部分人只看到这些便开始实践，由此产生了大量"OKR 不适用"的说法。

OKR 之所以能够生效，其核心是"蛋黄"，这个"蛋黄"就是 CFR。球队型组织和教练型领导能够有效支持持续性绩效管理的实施，OKR 的"核威力"就会逐步展现出来。当然，文化（已在 8.2 节详细介绍）也是另一个核心因素，其如同鸡蛋中的蛋清，能够起到润滑的作用，能够帮助组织孵化出新生命。

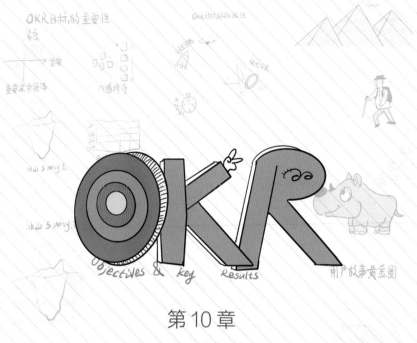

第 10 章

OKR 教练：
教练技术的应用

10.1 教练技术

相信通过前面的学习，大家已经了解了 CFR，我个人对于 CFR 的理解是，CFR 的背后蕴藏着大量"使命召唤"，即 CFR 是通过激发个人的原始动力，促使他们更加积极地面对工作。

一个人只有真正喜欢一件事情，才能够全身心地投入其中，才能够不断精进，才会非常容易进入"心流"状态。

———————————●●———————————

"心流"（Mental flow）即一种完全沉浸在某种活动中，

无视其他事物存在的状态。这种状态会给人带来莫大的喜悦，

使人愿意为之付出巨大的代价。

——《心流》，米哈里·契克森米哈赖（Mihaly Csikszentmihalyi）

"心流"也就是我们所说的废寝忘食，是一种非常高效的学习和工作状态，是我们希望团队成员保持的状态。进入这种状态需要很强的自我驱动能力，也需要来自外部的正确刺激，CFR 恰巧可以实现这一点。CFR 通过发问、聆听、激发促使团队成员自我反思，并且在整个过程中综合运用教练技术，提

供咨询和辅导服务。

教练是与客户建立长期伙伴关系的角色，其通过深度聆听和强有力的发问，以成果为导向，唤醒客户自身潜力和挖掘客户资源，帮助客户找到解决方案。教练给予的任何指导都必须出于正向动机，并且坚信客户拥有所有必备的资源，拥有获得问题的解决方案的能力。不同于导师和咨询师，教练不会直接给出答案。当然，我们在 CFR 中可以不只设置教练这一角色，也可以同时设置导师和咨询师的角色。总体来讲，教练要多问开放性的、启发性的问题。

我们来看看埃里克森教练体系中介绍的"教练之箭"，这是一个标准的教练流程。

● 建立亲和：建立和谐、安全和信任的对话环境。

● 制订合约：明确话题方向和范围，确定对话目标和成果。

● 成果框架：确定成果的重要性、可控性、整体平衡性和衡量标准。

● 创造体验：通过 VAK（视觉、听觉、感觉）等手段激发客户的潜能，调动客户的资源，并且为其创造完成整体解决方案的成功体验。

● 回顾行动：聚焦客户解决方案的执行过程，落实具体可行的行动计划。

● 询问价值：引发客户对与教练的对话的回顾，夯实信心，再次增加客户的动力。

● 祝贺客户：欣赏和嘉许客户，使客户保持较高的动力水平并与教练结束对话。

10.2　CFR 五步对话

我在实践中经常使用自己原创的"CFR 五步对话"框架，这个框架不局限于使用教练技术，也可以结合咨询使用。

1. 破冰：暖场，拉家常，了解近况

通过拉家常的方式进行暖场，了解客户的近况，旨在奠定对话的基础和氛围，避免尴尬。

典型问题：

（1）普通问法。

● 最近怎么样？

● 目标进展如何？

（2）教练问法。

● 最近看你情绪很好，介不介意告诉我发生了什么？

● 为了这次沟通能够顺利进行，我们先聊聊项目最近
的进展可以吗？

2. 立场：切入谈话核心目的，明确问题

声明本次对话的目的、最后想要达成的结果，以及明确需
要解决的问题。

典型问题：

（1）普通问法。

● 今天想聊一聊下个季度的目标，你对此有什么好的建议？

● 关于接下来半年的成长规划，我们要做一次更新。

● 针对上个季度的目标完成情况，我们来沟通一下。

（2）教练问法。

● 我非常期待听到你对下个季度的目标的建议，你看今天
我们从哪里开始讨论合适？

● 我很好奇，对于接下来半年的成长规划，你有哪些想法？

● 非常希望能够听到你对上个季度的目标完成情况的看
法，可以跟我具体聊一聊吗？

3. 方案：围绕问题和结果形成解决方案

针对问题和目标进行对话，形成解决方案或最终答案。在
这一环节，尤其要注意获得下一步计划。

此时再详细介绍在 CFR 的典型对话场景（见 9.2.2 节）下，

我们在这一环节需要关注的视角和提出的问题。

1）设定目标

聚焦视角：回头看、向前看。

核心问题：目前重要的 3～5 个目标是什么？主要的工作是什么？

提前准备：上个季度 OKR 的自评结果，以及当前季度 OKR 的目标。

典型问题：

（1）普通问法。

● 如何评价上个季度 OKR 的目标？

● 下个季度 OKR 的目标是什么？

● 这些目标的背后蕴藏着哪些思考？

● 这些目标和团队／部门／公司的目标有哪些关联？

（2）教练问法。

● 如果有另外一个你担任公司的 CEO，你如何评价自己上个季度的工作表现？

● 如果我们现在可以乘坐时光机来到下个季度末，你希望自己取得的引以为傲的成果是什么？为什么？

● 为了让我们更好地看清目标，我们聊一聊你是如何思考和达成这些目标的，如何？

● 你如何看待这些目标与团队／部门／公司的目标之间的联系呢？期待了解你的想法。

2）了解进展

聚焦视角：当下。

核心问题：目标目前进展如何？

提前准备：目标推进程度，或者可视化的进程展示。

典型问题：

（1）普通问法。

● 目标进展如何？

● 目标需要调整吗？

● 遇到什么障碍了？

（2）教练问法。

● 对于目标进展情况，你有什么建议吗？

● 目前的目标进展是你期望的吗？如果你有无限的资源，
  目标会发生改变吗？会变成什么样的目标？

● 是否介意一起聊一聊在目前的情况下，如何使我们前进
  得更快？

3）向上反馈

聚焦视角：当下。

核心问题：我需要寻求哪些帮助？你能帮我什么忙？

提前准备：障碍清单，以及问题清单。

典型问题：

（1）普通问法。

● 我发现了问题，你能帮助我解决吗？

- 你给出的建议很有效，现在出现了新的问题，你有更好的想法吗？

- 你上次给出的建议我尝试了，但是效果不明显，接下来应该怎么办？

- 你上次的建议阻碍了目标的推进，我想做些调整，你有新想法可以供我参考吗？

（2）教练问法。

- 最近我遇到了问题，你对此有哪些建议呢？

- 感谢你上次的帮助，你提供的建议很有效，现在又出现了新的问题，你的建议是什么呢？

- 你上次的建议我尝试了，但是效果不明显，如果现在能够回到上次的时间点，你的新"洞察"是什么呢？

4）向下反馈

聚焦视角：当下、向前看。

核心问题：有什么需要我帮忙的？完成目标的积极性如何？

提前准备：目标进展情况，以及障碍清单。

典型问题：

（1）普通问法。

- 目前目标进展得不错，你应该保持哪些做法呢？

- 目前目标进展缓慢，出现了延误，你应该停止哪些做法？或是我们应做些什么加以改善呢？

- 我们可以参考其他人的哪些经验或教训？

（2）教练问法。

● 目前目标进展得不错，是否可以分享一下成功的经验？

● 针对现在取得的进展，你在推进目标的过程中收获了哪些感悟？如果现在已经完成了目标，回看现在，我们应该怎么做呢？

● 如果我们现在开启了"上帝视角"，你最想从其他团队获得什么？

5）成长规划

聚焦视角：当下、向前看。

核心问题：你对于职业规划有什么想法？

提前准备：团队成员期望的发展方向，以及其最新的兴趣点。

典型问题：

（1）普通问法。

● 你未来的期望或职业规划是什么？

● 你想成为什么样的人？

● 公司或团队如何帮助你成长和发展？

● 公司或团队和你一起成长的契机有哪些？

（2）教练问法。

● 关于未来，你的想法是什么？为什么？

● 你想成为什么样的人？为什么你想成为这样的人？

● 假设你拥有一切权利，你最想得到的帮助是什么？

● 如果时间快进到 3 年后，你希望自己取得了什么成就？这样的成就因为什么而获得？

4. 校验：回顾目的、问题、解决方案、结果

对整体对话进行简单复盘，重新审视目标与结果的对应程度。

5. 收尾：祝贺顺利完成对话并得到结果

为本次对话取得的成就鼓掌，预祝下一次对话同样能取得成功，同时约定下一次对话的时间和要谈论的问题。

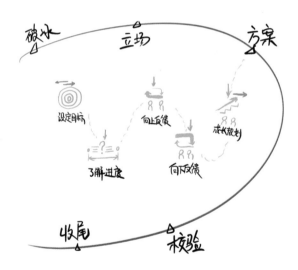

个人在担任教练时，需要努力提高自己的聆听和发问能力，而实践和反思是提升这些能力的唯一途径。希望你能在自己的团队中探索出自己的典型场景和问题，与团队成员多多交流，相互学习。

第 11 章

OKR 融合：
OKR 与敏捷

11.1 敏捷思想

在很多方面，OKR 和我们熟悉的敏捷（Agile）在理念和做法上高度重合。OKR 文化和敏捷文化极其相似，都基于价值驱动、透明公开、持续适应，允许不断试错。敏捷的迭代思想及优先级排序方式可以有效地迁移到 OKR 的制订过程中。在传统的 OKR 制订过程中，我们经常会使用"战略沙漏"，也就是根据步骤和顺序制订关键结果。例如，某商贸企业（根据我辅导的某企业 OKR 编写）的年度组织 OKR 如下。

> 目标：年底前确定 50 个城市代理商。
> ● KR1：第一季度举办 5 场招商会。
> ● KR2：第二季度形成 100 个代理商的候选名单。
> ● KR3：第三季度对 80 个代理商进行培训及商务签约。
> ● KR4：第四季度为 60 个代理商（50 个城市）授牌并促成开业。

这种 OKR 在制订时遵循的就是典型的一次性交付思维，看起来是正确的，但是目标在推进时面临极大的风险，而且挑战性也许并不高。同样的目标，如果我们使用多次交付的敏捷迭代思维方式，就可以制订出如下 OKR。

> 目标：年底前确定 50 个城市代理商。
> ● KR1：第一季度确定 3 个四线城市代理商。

- KR2：第二季度确定 15 个代理商（四线城市 10 个 + 三线城市 5 个）。

- KR3：第三季度确定 24 个代理商（三线城市 15 个 + 二线城市 9 个）。

- KR4：第四季度确定北上广深 4 个一线城市的 8 家代理商。

这样的 OKR 在制订时使用了先试点、再推广的方式，在解决方案上不断试错并不断完善。首先，在四线城市开展工作，验证想法并不断开展业务；其次，在实践中学习并总结经验教训；最后，向中心城市拓展业务。此时的目标虽与之前相同，但是交付的时间节点已经大大提前，业务进展一定比使用第一种 OKR 的要好得多。

OKR 和敏捷的结合可以弥补各自的不足并凸显各自的威力，但二者之间也存在明显不同。

OKR 始于目标管理，是由 Intel 时任 CEO 安迪·格鲁夫提出的战略落地工具，虽然专注要务，具备非常多的优点，但其本质上带有自上而下的"权贵"味道。而敏捷始于软件开发，是由一群"不安分"的程序员创造出来的，其本质上是一套自下而上的面向工程交付和质量提升的框架和实践，聚焦专业技能，具有"草根"特性。

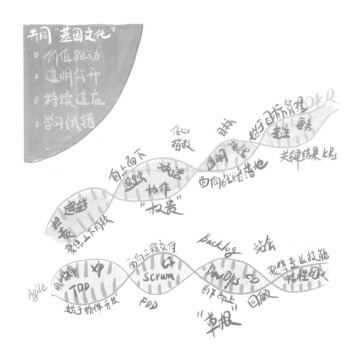

11.2 敏捷转型

数字化转型是目前的一大热点，而敏捷转型是其中非常重要的落地抓手和路径。数字化转型／敏捷转型也是一次战略转型，所以，作为战略落地工具的 OKR 可以辅助企业完成敏捷转型。我们经常在敏捷转型组织中看到，敏捷转型也是其年度组织 OKR 中的一个重要目标或关键结果。

11.3　与 Scrum 的融合

如果组织或团队已经开始敏捷转型，已经导入了 Scrum 这一流行的产品开发框架，那么一定会存在如下问题。

11.3.1　Scrum 的困境

Scrum 是敏捷中非常流行的实践，是一个基于小型团队的产品开发框架，目前在敏捷实践中占据主流地位，是大多数团队都会采用的一个实践框架。

在 Scrum 中存在 3 个典型角色。

- PO：Product Owner，即产品所有人，与产品经理相似，但其主要职责是提供产品价值，不一定为产品需求工作。其主要负责管理产品优先级和产品清单（Product Backlog），保证 Scrum 团队的产出价值最大化。

- SM：Scrum Master，即 Scrum 主管，其不是项目经理，我更愿意称其为团队经理，主要负责维护 Scrum 框架，保证 Scrum 团队的效能最大化。

- Developers：即团队交付人员，不只是软件开发人员，所有为 Scrum 团队交付负责的人员都可以被称为"Developers"，其主要围绕 Sprint（迭代）目标工作。

在 Scrum 中存在 5 个核心事件。

- Sprint：迭代，是指 Scrum 的一个固定周期，一般是 1 ～ 4 周。

- Sprint Planning：Sprint 计划会，是一次 Sprint 的开端，主要确定一次 Sprint 的目标、为了这个目标需要完成哪些需求，以及如何完成这些需求。

- Sprint Review：Sprint 评审会，Scrum 团队向关键利益相关者展示此次 Sprint 的目标完成情况，以及他们的工作结果，并且获得 PO 和相关利益者的反馈。

- Sprint Retrospective：Sprint 回顾会，开展目的是对 Sprint 进行反思，通过回顾个人、过程、工具、团队等的表现，规划提高产品质量和团队效能的方法。

- Daily Scrum：每日 Scrum，是对每日工作计划和总结进行讨论的会议，时间限制在 15 分钟内，开展形式为全体站立，所以也俗称"站会"。

在使用 Scrum 的时候，我们会经常遇到如下挑战。

- 团队只聚焦功能和任务，不关注价值。

- 产品发展和公司战略脱节。

- 团队总是忙于紧急的事情，重要事情的优先级反而很低。

- 团队对价值的认可不直接，需要 PO 做转化。

- 产品的结果（Output）难以说明，只能通过进度进行衡量。

● 团队一直进行开发，团队的成果（Outcome）难以衡量，取得的效果说不明、道不清。

那么，问题出自哪里呢？根据"战略沙漏"（1.3.4 节已进行详细介绍），我们需要回答以下核心问题。

● 战略落地为什么会成为瓶颈？

● 产品和特性的敏捷解决了什么问题？

● PO 处于什么位置？

● 团队向上看的视角触达了哪些层级？

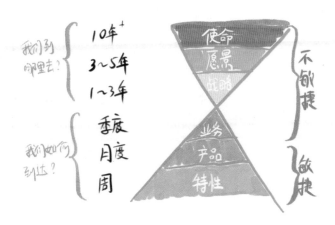

大部分团队都是"近视眼"，视角都被限制在了产品和特性层级，团队对于业务不熟悉，对战略不清楚。产品和特性层级的敏捷只能解决交付问题，提升产品的响应能力，业务层级

的敏捷难以实现。同时，大部分 PO 都从产品设计的角度出发，是产品设计师和产品管理者，其很难触达战略层级，很难成为真正的产品拥有者。

那么，如何才能破局呢？好的 PO 可遇不可求。使用规模化敏捷框架看起来能够较为轻松地触达战略层级，但其实很复杂，学习成本和部署成本高昂。我在实践中使用 OKR 解决问题时，会将 OKR 和 Scrum 融合使用。

11.3.2 共同的文化诉求

企业文化是组织的价值观和行为准则，是企业创始团队的思维模式和认知模式的缩影。企业文化绝对不是公司贴在墙上的标语、文化角的口号，其背后隐藏了组织大量的深层假设、管理体系和流程，以及人事关系。

OKR 和 Scrum 对企业文化的要求具有很多一致性，如价值驱动、透明公开、自下而上、以人为本、精神激励、内驱为主、信任授权、允许试错、学习成长等，这是 OKR 和 Scrum 得以融合的基础。

11.3.3 OKR 和 Scrum 的融合

适应性是 OKR 的核心特征，OKR 作为源自管理 2.0 阶段的工具，很好地适应了管理 3.0 阶段的要求，而 Scrum 的核心特征也是适应性。

在行为方式上，OKR 和 Scrum 也具有较大的相似性，例如：

● OKR 和 Scrum 都要求团队进行高频沟通。

● OKR 按照周、月度、季度进行计划和跟踪，Scrum 按照迭代进行计划和跟踪，二者都需要形成节奏。

● OKR 和 Scrum 都需要复盘回顾。

● OKR 和 Scrum 都对优先级有近乎偏执的关注。

● 在 OKR 中也有精益的影子，例如，在一般情况下，OKR 中的目标不超过 5 个，每个目标对应的关键结果不超过 4 个。有没有看到 WIP[1] 的限制数量？

从这一角度来看，OKR 和 Scrum 完全可以融合使用。

● 角色融合：OKR 教练和敏捷教练、Scrum Master 完全可以融合。

● 会议 / 仪式融合：OKR 中常举行的复盘会可以与 Sprint 评审会和 Sprint 回顾会融合。

● 产出融合：年度 OKR、季度 OKR 中的目标是产品清单和 Sprint 目标的重要来源。

当然，融合不仅出现在 OKR 与 Scrum 之间，我在使用 OKR 时也会借鉴产品清单中常用的优先级排序对 OKR 的目标

1　WIP（Working In Progress）意为在制品，即半成品。此词来自精益生产。精益生产在工序中会限制 WIP 数量，从而减少并发工作量，加快流动效率，也就是优先聚焦"完成"，而不是优先聚焦"数量"和"资源效率"。

进行优先级划分。

我们在敏捷中常用的 MVP 版本的划分方式，以及用户故事的拆分方法，也可以被借鉴并用于关键结果的制订，从而使关键结果更加合理。

同时使用 OKR 和 Scrum 相当于建立了大小迭代。大迭代以季度（一般为 12 周）为周期进行，小迭代则以 1 ～ 2 周为周期进行。在进行季度规划时，可以非常明确地规划出短期目标和关键结果，使大家能够聚焦目标和积累小的成就。

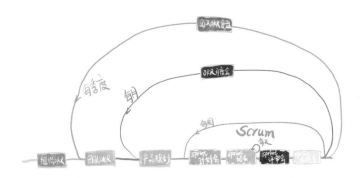

类似的好处还有很多，我们再来看 OKR 的结构。OKR 中的目标和关键结果是否类似于敏捷中的用户故事和验收标准？

● 组织 OKR 等同于史诗故事（Epic），目标对应了 What，关键结果对应了 How，回答了用户故事的 Why。

● 团队 OKR 的目标对应了特性需求（Feature），关键结果对应了版本标准，回答了用户故事的 How。

● 个人 OKR 中的目标对应了用户故事（User Story），

  关键结果对应了验收标准，回答了用户故事的 What。

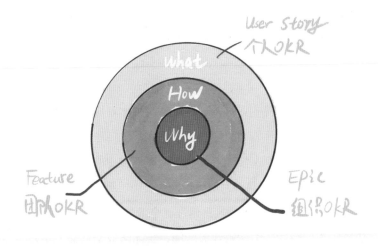

当我们将 OKR 按照季度、月度和迭代的结构运行后，就会发现团队慢慢发生了很多变化，对价值的理解更加深刻，对业务和产品的支持更加主动。

11.3.4 融合使用的收益

同时使用 OKR 和 Scrum 所得到的最直接收益就是迭代目标将会变得非常清晰，同时，也不必再纠结版本目标和成果展现。由 OKR 驱动，价值可以从 CEO 直接传达给基层团

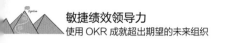

队的成员，从而带来团队对于业务价值的深度和广度的理解和认同。

OKR 的可见性较好，根据我的经验，如果想谈论公司层级的目标或部门层级的目标，OKR 是非常好的选择。如果想谈论每日、每周、每两周的工作重点项目，更敏捷的 Scrum 方法是更有效的选择。换句话说，OKR 呈现了整体蓝图，而 Scrum 给出了实现路径。

基于产品和特性交付的敏捷对公司整体来说收益偏低，是局部的敏捷，而且公司高层管理者对此不太关注，研发层级很少能和高层管理者直接对话，使他们理解敏捷的含义和价值。借助 OKR，敏捷的局部力量可转换为公司层级的力量，尤其会带来绩效能力提升，使中高层管理者全部给予关注。OKR 的聚焦和短周期特性还能促进业务敏捷，当团队成型且交付能力稳定后，OKR 就能让组织拥有"指哪打哪"的强大力量。

所以，作为敏捷教练、Scrum Master、PO，如果有机会推动 OKR 的使用，就可以突显成效，放大业务成果。如果组织和团队已经在使用 OKR，那么更要想办法介入，使其和敏捷更好地融合，实现目标和交付的双重成功。

第 12 章

敏捷团队绩效管理

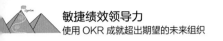
12.1　传统绩效管理失效

传统绩效管理在很多公司都是失效的，大家明知绩效管理是表面文章，但是又找不到合适的替代工具，也没有其他方法可以参考，不得不硬着头皮继续执行。

本质上，基于 KPI 或其他方法的传统绩效管理也是规模化效应的体现。传统的组织结构围绕专业分工搭建，部门管理者基本上是这个专业方向的佼佼者，在专业上具有极高的话语权。部门平时的工作由管理者分配和管理，所以绩效考核标准也由管理者制订并执行，具有很好的操作性。

在敏捷环境下的团队具备了很强的跨职能特征，团队由各部门人员构成，同时提倡"一专多能"，即一个人员同时可担任多种角色，此时的考核就面临较多挑战。

- 原有的管理者无法了解团队的具体工作任务，考核无从下手。如果采用多个管理者管理多个团队的方式，那么绩效管理成本巨大，而且结果也不如人意。

- 原有的基于岗位的静态固定人员，变成基于角色的动态能力组合。绩效管理基于专长进行还是基于能力进行，这是一个两难的决策。

- 原本稳定的单一过程度量指标变成叠加的动态多元指标。原有的稳定过程由于新人的加入，在量化管理时出现了较多"噪声"。

基于上述挑战，敏捷团队的绩效管理不能沿用传统的绩效管理方式，必须做出一些改变。

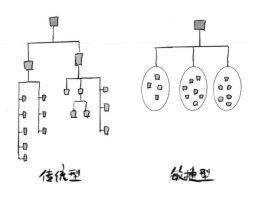

12.2　敏捷团队绩效管理框架

绩效管理是一个复杂的话题，绩效管理方法的选择取决于行业、组织规模、组织结构、管理文化、业务状态、产品生命周期阶段、团队成熟度，以及管理能力等多个因素。有多种绩效考核方法和框架可以参考，如 BSC（平衡计分卡）、KPI（关键绩效指标）、BPC（个人事业承诺）、360°（360 度绩效评估），等等。

我们在多个敏捷 Scrum 团队中采用了一套基于 360 度绩效评估的、面向业务的管理框架，用来替代传统组织中常见的

基于 KPI 的绩效管理，至今执行效果良好。在这一框架中，负责业务 / 产品的 PO，其个人绩效的 70% 应该由所负责的业务 / 产品业绩目标的完成情况（业绩考核）得分决定，剩余的 30% 由沟通、协作、敬业度、专业能力等维度的个人考核得分决定。

敏捷团队中的所有成员，个人绩效的 70% 是统一的，也就是说，团队中的每个人在这 70% 的部分得分相同。这 70% 又可以拆分为 30% 和 40% 两部分，其中，30% 取决于所负责的业务 / 产品的业绩目标的完成情况（业绩考核）得分，另外 40% 取决于沟通、协作、质量、效能等维度的团队考核得分，剩余的 30% 是个性化的，取决于沟通、协作、敬业度、专业能力等维度的个人考核得分。

业绩考核主要取决于业绩目标,这一部分基本上是定量的,面向服务或产品成果,在大部分情况下,其考核结果取决于产品或服务的直接数据,这一部分常见的核心指标有销售额、利润、订单量、市场占有率、用户量、日活、周活、月活、转化率、留存率、续费率、获客成本、NPS 推荐度等,这些指标在考核前就已经确定了。当然,在敏捷绩效管理框架下,不建议使用OKR 的目标完成率等进行考核。但是在某些情况下,如果业绩考核没有设计出较好的定量指标,或者管理者坚持使用 OKR 中的目标作为指标,那么推荐目标占业绩考核指标的比重不超过15%。

团队考核是针对整个团队进行的,面向团队和交付过程,一般采用主客观方式相结合的方式进行考核。团队考核一般会对沟通、协作、态度等维度进行考量,这些基本上是主观评价,可以由管理者给出,或者采用 360 度绩效评估,由来自团队外部的相关配合人员和协作方给出综合评价。客观评价则来自产品/服务质量、需求响应周期、前置时间、吞吐率、版本发布次数、人均产能、人均效率等关乎质量、资源效率和流动效率的过程指标,一般通过客观数据直接呈现,其中可能还包括团队成长、人员晋升等指标,这些指标也可以采用主客观结合的方式进行考量。

个人考核针对员工个体,一般具有主观性,可以使用 360度绩效评估、团队内部互评、团队外部互评、管理者评价等方

式进行。个人考核关注沟通、协作、态度、成长、价值观、技能、能力等维度。

12.3　敏捷团队绩效管理转变

相较于传统绩效管理，上述敏捷团队绩效管理框架存在八大转变。

1. 考核主体

敏捷团队的考核主体不再以传统管理者为主，而是 360 度绩效评估。管理者的权重在这一框架下降低了，这避免了一言堂和主观偏袒，相对来说，这种考核方式更为客观公正。

2. 考核对象

传统绩效管理针对的基本都是员工个人，敏捷绩效管理框架下的考核对象从员工个人变成了团队，而团队是敏捷组织的核心单元。

3. 考核主题

传统绩效管理是面向技能和能力的考核，在这种结构下，中高层管理者天然具备豁免权。敏捷绩效管理框架则是面向业务的考核，以服务 / 产品的成果体现团队的价值，是实际商业世界的映射，面向价值进行思考与探索。

4. 考核方向

传统绩效管理大多考核的是行为和价值观，这部分内容是偏主观的。敏捷绩效管理框架则以目标为主进行考核，关注业务目标、产品目标、团队目标。

5. 考核状态

传统绩效管理大多是静态考核，考核方式和考核维度都固定不变，回顾一下自己使用的考核表，是不是已经多年没有发生变化了？敏捷绩效管理框架则是动态考核，考核框架是固定的，但是考核的具体内容可以随周期变化。

6. 考核办法

传统绩效管理是主观的，虽然其基于客观设定，但大部分分值都是主观给出的。敏捷绩效管理框架则是以主客观相结合的方式设定，在实际执行时也是不会偏离设定初衷。

7. 考核周期

传统绩效管理大多以年度或月度为周期，要么太长，要么太短。若以年度为周期，则在考核时间点要回忆员工整年的表现，要提取大量过程数据，极其消耗精力。很多员工在考核时间点前后表现得异常活跃，就是想用短期的表现掩盖长期的绩效缺陷。而以月度为周期的短期考核又无法看到成果，只能聚焦于任务进度、常规执行等方面，绩效管理更关注工作过程。敏捷绩效管理框架的考核周期则以季度或双月为主，与 OKR 的实施周期完美匹配，可通过成果和目标达成情况来考查团队绩效。

8. 考核目的

传统绩效管理以奖惩为目的，主要使用"外驱"来进行，考核结果直接用于"分钱"和"砍人"，包括发工资、发奖金、晋升、调岗和淘汰。敏捷绩效管理框架则以激励为主，主要使用"内驱"进行考核，考核的主要目的是进行人才筛选，为组织带来绩效提升。

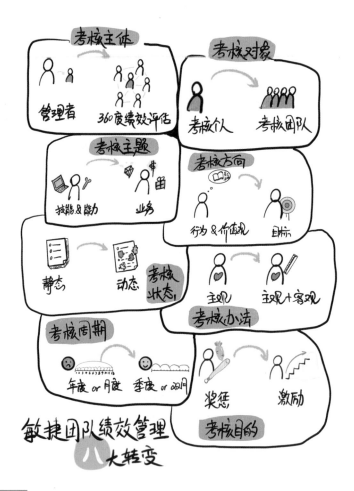

第 13 章

OKR 宣言：
OKR 2.0 的起点

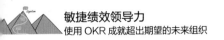

13.1　OKR 困境

OKR 是一种非常简洁的目标管理方法，通过简单快速地学习基本就能理解其概念和含义。但是，简洁和易学也是一把双刃剑，简洁的东西必然抽象程度高，抽象的内容中必然隐藏了大量信息和细节。所以，OKR 框架并没有给出具体的操作方法，在个人层级和单一团队中使用时比较简单，但是到了组织层级和多团队协作时，在使用时就出现了大量困难。如果按照传统的层级模式逐级开展 OKR，并且通过传统的会议进行制订和对齐，效率将极其低下。

OKR 背后蕴含了很多新式管理理念，它绝不是简单的流程和方法，而这些是传统行业的管理者和从业人员很难理解的，例如，其背后的 Y 理论、组织文化、放权、领导力，以及公开透明等。如果忽略背后这些深层次的理念，只简单将其作为流程执行，并且在使用中继续使用命令、控制、批判和压迫等传统管理方式，极大概率会面临失败的结果。另外，在使用 OKR 的过程中，很多公司将 OKR 视为 KPI 2.0 和绩效考核工具，这已经和 OKR 的初衷背道而驰了。

所以，在 OKR 使用过程中，我们会面临较大的困难和挑战。为了使 OKR 保持其核心价值，同时更具操作性，我们提出了 OKR 2.0 的概念。

13.2　OKR 2.0

OKR 2.0 旨在提供详细的 OKR 落地方法和指导方针，提供可供操作的具体方法，同时促进 OKR 的传播和应用。OKR 2.0 由一系列组件提供支持，其核心内容包括：

- OKR 宣言：OKR 的价值主张及最高方针。
- 《OKR 指南》：OKR 的核心操作建议，其使 OKR 更具落地性。
- OKR 社区：OKR 的推广和实践社区。

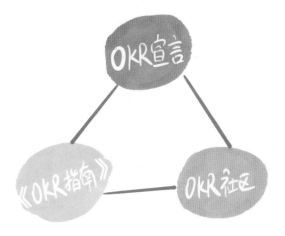

13.3　OKR 宣言

我们一直在实践中探索更好的 OKR 落地方法，在身体力行的同时，也在帮助他人。由此，我们建立了如下价值观。

---●---

使命和愿景　Over　战略和目标

自主和协同　Over　命令和控制

信任和发展　Over　结果和考核

价值和定量　Over　任务和定性

也就是说，尽管右项有其价值，但我们更重视左项的价值。

13.4　《OKR 指南》

OKR 是一个非常简洁的目标管理框架。本指南包含了结构化的组织层级和团队层级的 OKR 实践方案，其中包括 OKR 的角色、产出、会议、对话，以及把它们组织在一起的规则。个人 OKR 可参考本指南制订和执行。

OKR 的核心假设有 2 个。

● 公司的中长期目标（以年度或季度为周期）是正确的。

● 员工的内驱力是被激发出来的。

从原则上来说，OKR 有狭义和广义之分。狭义的 OKR 仅指 OKR 框架，讲的是 OKR 的制订、对齐、跟踪和复盘等；广义的 OKR 指的是 OKR 和 CFR，其中，CFR 是持续性绩效管理的实现工具。

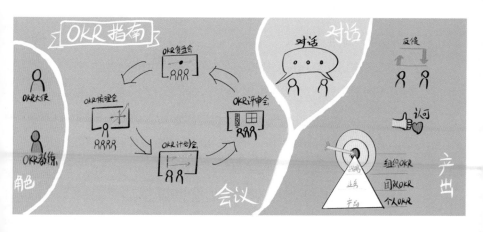

13.4.1 OKR 的定义

每个 OKR 均由 2 部分组成：目标（Objectives，O）和关键结果（Key Results，KR），目标和关键结果互为充要条件。OKR 是一个目标管理框架，在全球范围内已得到广泛应用，不局限于行业和组织。OKR 框架由与之相关的角色、产出、会议、对话和规则组成，框架的每个部分都有其特定意义，对于 OKR

的成功与使用都至关重要，在此框架中可以结合使用各种不同的技术。OKR 的规则把角色、产出、会议和对话和组织在一起，管理它们之间的关系和交互活动。对 OKR 规则的描述已贯穿全文。

13.4.2　实践框架

1. OKR 周期

OKR 周期是 OKR 的核心，其长度（持续时间）为季度或更短的时间（如双月和单月），要求在设定的周期内完成设定的挑战性目标。在整个年度内，OKR 周期的长度通常保持一致，前一个 OKR 周期结束，下一个 OKR 周期立即开始。每个 OKR 周期都会定义要完成哪些目标，同时通过一份精心设计的、灵活的计划来指导如何完成这些目标和相关工作，并形成最终产出。

在 OKR 周期内：

● 目标一般保持不变。

● 关键结果可能会重新制订和协商。

OKR 周期由 OKR 梳理会、OKR 计划会、OKR 评审会、OKR 复盘会组成，OKR 对话贯穿整个 OKR 周期。

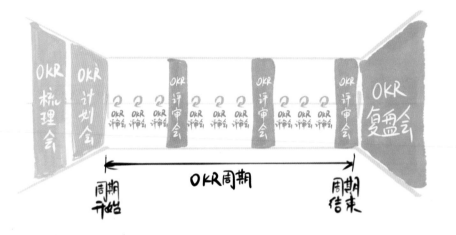

2. 角色

在 OKR 的使用过程中，有 2 个必不可少的角色：OKR 大使和 OKR 教练。

（1）OKR 大使。

担任 OKR 大使的最佳人选是组织的高层管理者，这个角色设置一位即可。OKR 大使需具备卓越的领导力、影响力，以及对 OKR 导入具备十足的热情，并且能督促各层管理者进行 OKR 落地，其最好也是 OKR 的典型制订者，能够参与组织层级的目标梳理和制订。

（2）OKR 教练。

OKR 教练负责指导 OKR 的实施、制订 OKR 在组织或团队中的实践计划并设计执行机制，其精通 OKR 的执行方法，并且能够辅导各层管理者进行 OKR 的讨论和制订，引导团队进行对齐、跟踪和复盘。在组织内可能存在多位 OKR 教练，他们在不同层级推动 OKR 的执行。很多传统管理者都可以兼任这个角色。

OKR 教练负责根据《OKR 指南》给出的定义来促进和支持 OKR，其通过帮助每个人理解 OKR 理论、实践、规则和价值来实现这一点。

3. 产出

（1）OKR。

OKR 是 OKR 框架产出的核心成果。

（2）OKR 层级。

● 组织 OKR：即公司层级的中长期 OKR，一般主要由公司管理层以年度或季度为单位制订，主要为使命、愿景到战略的映射，有时也可能触及业务目标。

● 团队 OKR：即团队的中短期 OKR，一般以季度为周期设定，主要聚焦于团队的核心业务和产品。

● 个人 OKR：主要聚焦于产品和特性，关注个人工作和发展。

组织 OKR、团队 OKR、个人 OKR 至少需存在一个，三者也可以任意组合使用。

（3）OKR 类型。

● 承诺型 OKR：通常与职责相关，必须 100% 完成。组织应为承诺型 OKR 的投入资源，提供保障。

● 愿景型 OKR：通常是面向未来的，具有更高的挑战性和更高的风险。

● 成长型 OKR：通常与组织能力提升、团队发展和个人成长相关。

（4）反馈。

反馈是一种通过面对面双向沟通或通过网络进行的信息交互活动，用来评估工作进展、解决具体问题并探讨未来改进方向。反馈不仅发生在管理者与员工之间，而且也发生在员工与员工之间。

（5）认可。

认可是根据行为、过程、贡献、成果大小施以对等的赞赏、表扬、表彰等。认可不仅发生在管理者与员工之间，也可以发生在员工与员工之间。

4. 会议

OKR 教练要确保《OKR 指南》提到的会议能够顺利举行，教导每位参会者遵守会议规则，并且确保每位参会者都能明白会议的目的。

1）OKR 梳理会

在每个 OKR 周期开始前都要对目标进行梳理和撰写，将这一阶段形成的草稿版本 OKR 同步给相关团队和员工，方便他们进行 OKR 制订和对齐。

OKR 梳理是识别重要目标、实现价值驱动、设定挑战性的重要过程。其核心要点包括识别重要性、反复梳理、反复斟酌、反复讨论。当然，在梳理过程中可使用多种方法。

（1）BSC（平衡计分卡）。

BSC 是一个全面框架，它帮助高层管理者把公司的愿景和战略转变为一套连贯的业绩指标。在达成战略共识后，将使命和战略分解为财务、客户、内部业务流程、学习和成长 4 个不同层面的目标和指标。

（2）价值链分析。

根据业务上下游关系或产品层级进行逻辑分析，一般按照先后顺序或上下层级顺序依次进行。在组织内可以按照如下顺序依次进行。

● 高管团队：关注组织战略及业务中长期规划。

● 业务团队：指接触客户和用户的销售、市场、客服等部门，以及实施部门，主要进行业务目标、业务策略、业务流程设计。

● 产品团队：指产品设计、产品开发、产品交付等部门，主要进行产品和服务的开发、交付。

● 支持团队：指财务、行政、人力资源、法务等部门，主要为业务和产品提供后勤支持。

严格来说，梳理是一个动作，OKR 梳理会的举办不是一次性的，在开展正式的 OKR 梳理会之前，还要做非常多的工作。

2）OKR 计划会

在 OKR 计划会上需要完成 OKR 的制订和对齐，会后输出正式的 OKR 并进行公示。OKR 的制订和对齐由整个团队共同协作完成。

OKR 教练要确保会议顺利举行，并且确保每个参会者都能理解会议的目的。

OKR 计划会将解决以下问题：

● 在接下来的 OKR 周期中需要完成哪些目标和关键结果？

● 这些目标的重要性和挑战性如何？

● 我们要如何完成目标和关键结果？

通过 OKR 计划会明确要完成的目标，确认关键结果满足 SMART 原则，识别 OKR 类型，同时对关键结果进行信心指数评估。对于如何完成目标和关键结果，还要对解决方案进行探讨，并且识别其依赖项。

3）OKR 评审会

OKR 评审会在 OKR 周期内持续定期举行。通常以周为单位进行非正式评审，以 4 ～ 6 周为间隔举行正式评审。非正式评审往往是定性的，通过主观的方式对 OKR 快速进行进度跟踪和结果预测。而正式评审是定量的，需要对关键结果的实际完成情况进行客观评分、反馈和调整，同时对目标进行评分。根据完成情况和完成过程中产生的变化，所有参会人员共同讨论并给出接下来需要完成的工作，以此促成目标的实现。在这一过程中，目标一般保持不变，但关键结果可能会根据情况发生改变。

对于长度为季度的 OKR 周期来说，评审会最长不超过 4 小时。对于较短的 OKR 周期来说，会议时间通常会在此基础上缩短。

（1）OKR 周会。

OKR 周会每周或每两周举行一次，主要进行信息分享和信息同步，了解目标的进展和所面临的风险，同时对目标的执行结果进行预测。

（2）OKR 月会。

OKR 月会在每月或每季度的中间举行一次，其关注组织外部及内部变化，同时对目标进行客观的进展评估，并且视情况调整关键结果。

（3）OKR 复盘会。

OKR 复盘会通常在 OKR 周期结束后举行，一般安排在最后一个 OKR 评审会之后。在 OKR 复盘会上，团队将回顾完成目标的总体过程，检视自身并创建下一个 OKR 周期的改进计划。

OKR 教练要确保会议顺利举行，并且确保每个参会者都明白会议的目的。作为 OKR 执行过程的责任者和团队的一员，OKR 教练也应参加会议。

举行 OKR 复盘会的目的如下。

● 分析目标实现的途径和原因，总结经验。

● 剖析目标未实现的原因及未来的改进措施。

- 承诺型 OKR 是复盘会关注的重点，如果其没有完成，就需要重点跟进。

- 检视 OKR 周期中关于成员、成员关系、工作流程和工具的情况。

- 找出做得好的，以及潜在、需要改进的主要方面，并加以排序。

- 制订改进 OKR 团队工作方式的计划。

- 激励团队保持前进的动力。

OKR 教练鼓励团队在执行 OKR 的过程中改进流程和实践，使他们在下个 OKR 周期中能够更高效、更愉快地工作。

在 OKR 复盘会结束后，OKR 团队应该已经明确在接下来的 OKR 周期中需要实施的改进内容。虽然改进可以在任何时候执行，但 OKR 复盘会提供了一个专注于检视和适应 OKR 的目标完成过程并进行调整改进的正式机会。

5. 对话

OKR 对话的核心目的是使团队成员保持足够的动力，以此确保能够完成目标。

OKR 对话主要是指发生在管理者和团队成员，以及团队成员与成员之间的一对一谈话，用来了解进度、确认目标、反馈问题和进行成长规划等。推荐管理者和员工每周进行一次一对一对话。

13.4.3　结束语

《OKR 指南》由本书作者参考《Scrum 指南》撰写。

OKR 的角色、产出、会议、对话和规则不可改变。虽然只实施部分 OKR 是可行的，但这样就不是 OKR 了。OKR 只以整体的形式而存在。

13.5　OKR 社区

1. 社区使命

这里说的社区（Community）是指围绕一定主题建立的松散型兴趣爱好团体。社区成员有共同的兴趣，有特定的规范和价值体系。

OKR 社区是围绕 OKR 主题建立的非营利性组织，其使命是"让 OKR 更简单"，核心理念是"让更多的人更好地使用 OKR"。

2. 社区愿景

OKR 社区的愿景是"成为中国 OKR 的专业传播者和领航者"。

3. 社区价值观

OKR 社区秉承"开放、简单、专业"的价值观，面向所有

OKR 爱好者，努力以简单的态度和方法提供专业的 OKR 知识和实践交流。凡是致力于推广 OKR 的人员都可以加入 OKR 社区。

OKR 社区以城市为单位组织形成，每个城市都有"舵主"和相关负责人，各地工作由"舵主"领导的小组自行开展。

- 舵主：组建城市 OKR 社区工作小组，策划相关活动。
- 小组：筹备相关讨论群、沙龙、专业会议。
- 成员：积极使用 OKR，参与分享、讨论、沙龙、推广及宣传。

如果你对 OKR 有极高的兴趣，对社区活动有较大的热情，愿意通过服务大家来获得城市和业内影响力，欢迎联系我们！社区主要工作内容包括：

- 主持以 OKR 为核心主题的讨论群。
- 在各城市发布以 OKR 为主要主题的沙龙。
- 参与筹备 OKR 区域性质或全国性质的专业会议。

反侵权盗版声明

　　电子工业出版社依法对本作品享有专有出版权。任何未经权利人书面许可，复制、销售或通过信息网络传播本作品的行为；歪曲、篡改、剽窃本作品的行为，均违反《中华人民共和国著作权法》，其行为人应承担相应的民事责任和行政责任，构成犯罪的，将被依法追究刑事责任。

　　为了维护市场秩序，保护权利人的合法权益，我社将依法查处和打击侵权盗版的单位和个人。欢迎社会各界人士积极举报侵权盗版行为，本社将奖励举报有功人员，并保证举报人的信息不被泄露。

举报电话：（010）88254396；（010）88258888

传　　真：（010）88254397

E-mail：　dbqq@phei.com.cn

通信地址：北京市万寿路 173 信箱

　　　　　电子工业出版社总编办公室

邮　　编：100036